盈利思维

人人都能看懂的
商业认知**21**讲

孙靖◎著

北京大学出版社
PEKING UNIVERSITY PRESS

内 容 提 要

本书的核心内容用一句话概括：用21个思维打通七大盈利节点，揭开赚钱的底层逻辑。

全书共有7章，第1章 取势：看准商业趋势，趋势造就了首富，它是盈利的第一大杠杆；第2章 明道：摸透底层逻辑，让我们透过现象看本质，把握商业的本质，抢占先机；第3章 修法：建立核心认知，帮助大家在重要的那几步走对，在关键时刻做对关键决策；第4章 优术：寻找盈利模式，通过优化盈利模式，帮助企业不断赚到钱，让企业活下去；第5章 利器：打造赚钱系统，帮助大家不断打造和升级自己的赚钱系统，从而让自己有机会轻松赚大钱；第6章 持志：领悟强者心法，帮大家找回赚钱的原动力、守护内心的力量；第7章 活用：玩转操作手法，帮助大家更好地利用这份新的盈利思维地图。

本书能够帮助大家在赚钱的路上少走弯路，升级赚钱的认知。本书既适合企业遭遇盈利瓶颈，想要寻找新的赚钱思路的中小企业管理者；也适合想要有一份完整的盈利思维地图的创业者；还适合想要深入理解盈利底层逻辑、提升商业认知的普通人。

图书在版编目(CIP)数据

盈利思维：人人都能看懂的商业认知21讲 / 孙靖著. — 北京：北京大学出版社，2024.1

ISBN 978-7-301-34343-2

Ⅰ.①盈… Ⅱ.①孙… Ⅲ.①商业经济－基本知识 Ⅳ.①F7

中国国家版本馆CIP数据核字（2023）第161300号

书　　　名	盈利思维：人人都能看懂的商业认知21讲
	YINGLI SIWEI: RENREN DOU NENG KANDONG DE SHANGYE RENZHI 21 JIANG
著作责任者	孙　靖　著
责 任 编 辑	刘　云　孙金鑫
标 准 书 号	ISBN 978-7-301-34343-2
出 版 发 行	北京大学出版社
地　　　址	北京市海淀区成府路205号　　100871
网　　　址	http://www.pup.cn　　新浪微博：@北京大学出版社
电 子 邮 箱	编辑部 pup7@pup.cn　　总编室 zpup@pup.cn
电　　　话	邮购部 010-62752015　发行部 010-62750672　编辑部 010-62570390
印 刷 者	大厂回族自治县彩虹印刷有限公司
经 销 者	新华书店
	880毫米×1230毫米　32开本　6.75印张　161千字
	2024年1月第1版　2024年1月第1次印刷
印　　　数	1—4000册
定　　　价	49.00元

你肯定也发现了，最近这几年，赚钱是越来越难了。为什么赚钱越来越难？一方面是受经济大环境的影响；另一方面是传统的赚钱模式越来越不好用了。所以大圣（指笔者）身边的老板，不管生意大小，都在为同一件事头疼——如何才能让企业持续赚到钱？

做生意就像打牌，有输有赢很正常，关键是不能一直输。万一输光了所有筹码，下了牌桌，想再上牌桌就难了。所以，这几年老板们为了公司盈利，不下牌桌，都比以前拼命了。可问题是，赚钱模式大同小异，大家"内卷"得一塌糊涂。

在很多老板的认知里，盈利＝赚取利润，利润＝收入－成本。而收入由营销决定，成本由管理把控。所以，很多老板在公司不赚钱的时候，要么拼命花钱搞营销，要么挖空心思抠管理。结果是越努力，挣得越少。

为什么会这样？因为企业要持续赚到钱，主要取决于三件事：一是上对牌桌，二是拿到不错的牌，三是选择正确的出牌次序。在牌面既定的情况下，之前老一套玩法可能还玩得转；可如果遇到市场大洗牌，再按之前的玩法就指定玩不转了。这个时候就需要跳出牌桌，看一看有没有新的牌桌，想一想有没有新的玩法。简单来说就是换换思路，让大脑使用一份新的盈利思维地图。

大圣的本职工作是咨询顾问，主要给中小企业提供营销和盈利解决方案。在过去的五年，大圣先后服务了多家企业，其中包括利民粮油、贝凯母婴、大河餐饮、保定车旅、日进科技、荷叶伞教育、红孩儿摄影等。大量的中小企业咨询经历，让大圣对中小企业面临的盈利难题有了更深刻的认识和体会。在这个过程中，大圣总结了一套可以复制的盈利思维模型。

本书提供了一份完整、准确和新鲜的盈利思维地图，帮助大家给自己的大脑装上一个持续赚钱的底层操作系统。

接下来说一说大家能从书中得到哪些收获。

第一，你可以掌握一份完整的盈利思维地图。对生意人来说，其他人的资源和人脉往往是很难复制的，但对于思维，只要你用心，同时能做到刻意练习，就可以学会。通过本书，你可以掌握七大盈利节点以及21个思维，从而对赚钱这件事情有更加深刻的理解。赚钱拼到最后，其实拼的就是认知。你对赚钱这件事理解得越深刻、越准确、越完整，就越容易赚到钱。

第二，你可以看到许多商业案例。本书穿插了大量的商业案例，其中有一些案例来自我们服务过的客户。你不仅可以学到方法，还可以看看别人是怎么做的，从而建立更加完整的盈利认知。

如果你本身就是老板，而且目前在企业盈利上遇到了瓶颈，需要寻找新的赚钱思路，那么你一定要阅读本书。

如果你想创业或者已经在创业，那么你更要阅读本书。因为如何让公司持续赚到钱，一定是你最关心的问题。而针对这个问题，本书可以为你提供系统、完整的解决方案，从而让你少走弯路。

如果你既不是老板，也不想创业，但想要更深入地理解赚钱这件事，那么也强烈建议你阅读本书。因为碎片化地看很多关于赚钱的信息，不如一次学透关于赚钱的系统知识。

目录
CONTENTS

开 篇

盈利思维：每一位创业者都应该有一份属于
自己的盈利思维地图

01 CHAPTER
第1章
取势：看准商业趋势

02
CHAPTER

第 2 章
明道：摸透底层逻辑

04 CHAPTER
第 4 章
优术：寻找盈利模式

05 CHAPTER
第 5 章
利器：打造赚钱系统

06
CHAPTER
第 6 章
持志：领悟强者心法

07
CHAPTER
第 7 章
活用：玩转操作手法

◎ 后　记

开篇

盈利思维：
每一位创业者都应该有一份属于
自己的盈利思维地图

因为职业关系，我每年都要见上百位老板。见多了以后，我就发现一个有意思的现象：那些能够持续赚到钱的人，往往都摸透了赚钱的底层逻辑。

比如雕爷（孟醒），作为一名连续创业者，他创建了阿芙精油、雕爷牛腩和河狸家等。雕爷最厉害的地方在于，他创业的这三次，切入的是完全不同的市场，而且每次都能赚到钱，然后全身而退。

为什么雕爷每次创业都能成功？大体有三个原因。一是他会抓风口：餐饮风口、电商风口、O2O（"线上到线下"的商业模式）风口，他一个不落地全抓住了；二是他会玩模式：餐饮跟互联网思维的融合、阿芙精油首创的小瓶体验模式、河狸家跟美业新零售的融合，在模式创新上，雕爷每次都能玩出新花样；三是他能折腾，"能折腾"换种说法就是有强烈的创业精神。不是每个创业成功的人都愿意二次甚至三次创业，身上没点儿精气神，可能早就"躺平"了。相信雕爷一定是掌握了赚钱的底层逻辑，所以他每次都能赢。

我也经常思考：赚钱的底层逻辑到底是什么？过去几年给客户做咨询，

我一直在琢磨这个事，而且跟很多客户交流过这个事。最终我发现，这套赚钱的底层逻辑其实就是一套思维组合，我把它叫作盈利思维。有些企业管理者在起盘不同项目的时候，手上的资源、人脉和团队往往都不一样。但他们总是能够迅速盘活一个项目，然后快速盈利。他们靠的就是这套思维组合构建起来的强大认知。而认知，最终决定了一个人掌握的资源变现效率的高低以及盈利的多少。

那么，这套思维组合到底是什么呢？我把它总结为"七大盈利节点+21个盈利思维"，它的另一个名字叫作"盈利思维地图"，如下图所示。

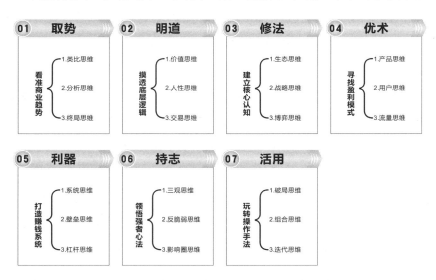

接下来我将上图中的每一个盈利节点拆开来详细讲解。

一、 盈利的第一个节点：取势

近20年来，随着时代的发展，中国首富不断易主。2010年以前，商贸和零售崛起，黄光裕起来了；2010年到2017年，地产行业大爆发，首富变成了王健林；2017年之后，我们全面进入互联网时代，首富宝座被互联网巨头们轮流坐。可以说，趋势造就了首富，它是盈利的第一大杠杆。

举个例子，来看一下趋势对企业的影响有多大。

我有两位客户：王总和李总。他俩从事的都是玩具行业，走的都是传统经销商模式，团队规模和产值也差不多。新型冠状病毒感染暴发以后，两家都想在线上找出路，于是都开始做电商。两年以后，两家的结局却完全不同：王总亏了几百万元，而李总的电商收入已经突破上千万元。

为什么会这样，难道是因为李总比王总更优秀？事实并不是这样的。原因是他们切入的赛道不一样，王总是从传统电商切入，而李总则是从抖音电商切入。他俩作为电商"门外汉"，刚入局那会儿都做得挺艰难，但后来的区别在于：王总刚开始艰难，后来一直也没什么大的起色；而李总虽然刚开始艰难，但后来赶上抖音直播大爆发，再加上当时抖音对供应链源头厂家有一定的扶持，所以李总的公司一下子就做起来了。这就是趋势的力量。传统电商已经日渐没落，王总作为后来者，想从原来的盘子里分一杯羹，真是难上加难；而当时的抖音电商正处于高速成长期，李总作为最先入局的玩家之一，必然会分到红利。

由此可见，盈利的第一个节点就是取势：顺应趋势，事半功倍；逆势而行，事倍功半。那么，如何取势呢？第 1 章中，我将分享三个思维，分别是类比思维、分析思维和终局思维，并盘点了目前的一些风口，希望能给大家一些启发。

关于盈利的第一个节点，我要送给大家一句话：要学会顺应趋势，因为趋势是盈利的第一大杠杆。

二、 盈利的第二个节点：明道

什么是明道？明道就是深刻理解商业的底层逻辑。那么，什么是商业的底层逻辑呢？下面先讲一个案例。

拼多多刚上线那会儿，我身边很多人不仅不用，还说拼多多就是一个骗局，上面的垃圾产品太多，肯定做不下去。不过，作为咨询顾问，我可不能听风就是雨。当时，我专门使用了拼多多，分析了它的模式后，就认为它能成。事实证明，我的判断是正确的。当初我身边很多不看好拼多多的人，现在都已经在用拼多多了。

我当初为什么判断拼多多能成？因为它把握住了商业的底层逻辑。具体来说判断某个商业模式是否符合商业的底层逻辑，主要看三点。

第一点，看它是不是降低了交易成本。简单来说就是看这种模式是否能够以有利可图的方式让商家和消费者都占到便宜，也就是说，它是否可以让整个利益链上的参与方，要么挣到钱，要么省下钱。通俗一点说就是，这必须是一场多赢游戏。很显然，拼多多做到了。对于消费者来说，拼多多让消费者买到了便宜的商品；对于商家来说，拼多多让很多原本没有多少销路的小微商家找到了适合的销售平台。不要小看这个判断标准，谨记这条底层逻辑，你就能少踩很多坑。例如，你只要稍微一分析就会发现，市面上很多微商盘、资金盘、加盟盘的模式因违反了这条底层逻辑而失败，它们是以一方亏钱，换来另一方赚钱。

第二点，看它是不是解决了社会问题，并创造了价值。很显然，这一条拼多多也符合。因为它实打实地改善了中国偏远地区人们的生活水平，也改善了很多小微商家的生存状况，释放了他们的生产力。虽然在解决核心社会问题的时候，拼多多也带来了一些负面问题：比如有假货、产品粗制滥造、营销手段粗暴等。但只要它集中精力解决最主要的社会问题，就会始终拥有商业价值，而那些负面问题也会逐步得到解决。

第三点，看它是不是消除了人性中的某些痛点或者迎合了人性中的某些爽点。这一点，拼多多无疑也做到了。不管是低价诱惑还是拼团裂变，拼多多始终把人性拿捏得死死的。

交易成本逻辑、价值逻辑和人性逻辑，就是我认为的商业世界核心的三个底层逻辑。如果一门生意在某个底层逻辑上做到了极致，它就可以赚到钱。如果它刚好很好地契合了这三个底层逻辑，那么它大概率就会是一门好生意。

我们为什么要摸透商业的底层逻辑呢？一方面是因为它可以让我们透过现象看本质，把握商业的本质，从而比其他人多看一层，抢占先机；另一方面是因为它可以让我们少掉坑、少踩"雷"。基于商业的三大底层逻辑，第2章以价值思维、人性思维和交易思维的顺序进行详细的讲解。

关于盈利的第二个节点，我要送给大家一句话：做生意，尽量摸透底层逻辑，透过现象看本质，从而抢占先机、少掉坑。

三、盈利的第三个节点：修法

做生意拼的其实就是生意人的核心认知。如果能在重要的那几步走对，在关键时刻做对关键决策，就会与同行产生很大的差距。

我先讲一个真实的商业案例。

现在一说到网约车，你首先想到的应该是滴滴出行（简称滴滴），因为滴滴现在稳坐网约车的头把交椅。但大家要知道，国内最早出现的网约车公司并不是滴滴，而是易到用车（简称易到）。2010 年 5 月，易到成立，主打高端的专车服务，之后易到一路高歌猛进。直到 2013 年，易到的市场占有率都保持在 80% 左右。可到了 2014 年，易到却被滴滴反超。而今天，市面上已经很难看到易到的影子。

为什么作为国内网约车鼻祖的易到最后输给了后起之秀滴滴？转折点就是当年那场网约车"补贴大战"。"补贴大战"爆发的时候，易到选择了"守"，而滴滴则选择不顾一切地"进攻"。进攻还是防守，这时候拼的就是创始人的核心认知。

这里说一下易到的创始人周航。要知道，周航也是个猛人。为什么这么说？我讲两件事你就知道了。

先说第一件事。1997 年，周航的公司跟大中电器正面交锋。当时的大中电器是"巨鳄"，周航的公司还很小。双方打起了价格战，在力量悬殊的情况下，周航凶猛出手，不仅不赚钱，而且赔钱卖。这使得大中电器有点吃不消，最终这次局部"战争"以周航胜利而告终。

再说另一件事情。1999年，周航又跟万科打了一仗。万科当时还是一个多元化的公司，其中万科贸易专做专业视听设备销售，而周航当时是索尼的代理，所以两家公司就"打"了起来。双方在打得不可开交的时候，万科突然宣布全面实行专业化、结束多元化路线，跟周航竞争的万科贸易直接关了，周航轻松获胜。

提这两件事是想说，周航并不是一个庸才，他至少是一个不怕跟竞争对手正面硬刚的人。但在跟滴滴的正面对决中，周航并没有建立起正确的核心认知。周航认为，网约车市场没有规模效应，不会出现一家独大的局面。同时，"烧钱"补贴的方式难以持续。所以易到没有选择参战。显然，周航的预判出现了失误，他低估了资本的力量。随着阿里和腾讯加入网约车"补贴大战"，在资本的加持下，滴滴和快的打车以迅雷不及掩耳之势抢占了大部分的网约车市场。等周航回过神来，想要"参战"抢市场的时候，已经无力回天。周航错误的核心认知，让易到输掉了网约车"补贴大战"；而"补贴大战"这场关键"战争"的溃败，最终让易到输掉了整场"战争"。

由此可见，在商业竞争中，很多时候比拼的并不是你走的每一步都没有误差，而是你可以走对关键的那几步。走对了，柳暗花明；走错了，万劫不复。所以，身为企业的操盘手，建立正确的核心认知非常重要。第3章将详细讲解生态思维、战略思维和博弈思维。

关于盈利的第三个节点，我要送给大家一句话：一定要建立正确的核心认知，这样才能在关键时刻不迷路。

四、 盈利的第四个节点：优术

前文我们说了取势、明道、修法，接下来我们来讲优术。什么是优术？简单来说就是通过优化盈利模式，帮助企业不断赚到钱，让企业活下去。

只要我们看看那些商业巨头的发家史就会发现，他们也不是一下子就找到了功成名就的终身事业，往往是兜兜转转、历经磨难，最终才修成正果。

马云第一次创业时，做的是翻译社。公司创办后一直处于亏损状态，为了维持公司的运营，马云白天工作、晚上摆地摊，卖过花、卖过礼品。后来，马云又折腾过中国黄页，结果也失败了。他折腾着折腾着，做出了阿里巴巴。

任正非当年成立华为时，为了让无资金、无背景、无技术的华为活下去，当起了"倒爷"，卖过保健品、减肥药、火灾报警器等。后来靠代理交换机赚到了第一桶金，进入了通信领域，这才有了后来的华为。

王石的第一桶金是靠倒腾玉米赚到的，后来王石成立了万科贸易，先后进入广告会展、首饰、印刷、房地产、饮料、西装、手表、连锁超市等十多个行业，基本上是什么挣钱做什么。后来万科砍掉了其他贸易生意，专心做起了房地产，这才有了后来的房地产巨头万科。

我的很多客户基本上也是这样的：有些起步时做餐饮，最后在房地产上赚到了钱；有些是靠做批发起家，后来做着做着，靠开工厂发家致富；有些创业的时候做的是工程，最后把做教育当成了自己的终身事业……

为什么会这样？有两个主要原因。第一，商业环境本身就具有高度的不确定性，我们没办法一眼看见终局，就算再厉害的"大佬"也做不到，所以有时候我们难免会跑偏；第二，我们对终身事业的寻找，需要实力、时间和机会，这并不是一蹴而就的，需要慢慢熬。在这个过程中，非常考验大家的一件事情就是要能够持续赚到钱，让企业活下去，让自己不下"牌桌"。再多的情怀、愿景、使命和价值观，没有持续不断的现金流作为支撑，最后都会变成一纸空谈。而那些能够笑到最后的人，往往不见得一出手就让人十分惊艳，但他们总是能够持续赚到钱，从而让自己不下"牌桌"，这些人往往都很擅长"优术"。

那么，如何不断优化企业的盈利模式，从而让企业能够源源不断地赚到钱呢？第4章为大家讲解三个思维，分别是产品思维、用户思维、流量思维，希望大家从中可以对重构盈利模式有所启发。

关于盈利的第四个节点，我要送给大家一句话：不断寻找和优化盈利模式，让自己始终能够赚到钱，不下"牌桌"，这样才有机会笑到最后。

五、盈利的第五个节点：利器

有些老板天天守在店里，辛苦一年只够温饱；有些老板到处游山玩水，年纪轻轻就资产过亿。并不是因为第二种老板厉害，而是因为他们选择的赚钱系统不一样。

就拿开餐厅来说。有些人做餐饮，既当厨师，又当老板，还当服务员，辛苦忙活一年，还不如一个公司里的中层赚得多。而有些老板自己不干活，只做管理，虽然钱赚得也不是那么容易，但终归是比第一种老板赚得多。还有一种老板，他们不仅能开店，还能够复制店面。这种老板赚钱不是靠自身，而是靠公司内部的一套自动运转的赚钱系统。哪怕是老板几个月不去公司，公司也照样能运转得很好。这样的公司除了餐厅的盈利，还能轻松地赚到加盟费、食材供应费、培训费等。以上三种老板，赚的都是小钱。要想赚大钱，还得靠资本，用别人的钱赚钱。

海底捞创始人张勇曾当过新加坡首富。能当首富不是因为海底捞的店面多，而是因为海底捞上市了。张勇通过资本运作，身价瞬间翻了好几倍，赚到了单纯靠卖火锅几辈子也赚不到的钱。张勇把公司拆分成培训、供应链、装修等不同的板块，比如做供应链的有颐海、蜀海，做培训的有微海，还有专门给后厨供货的悦颐海。这些板块每个都能单独上市，而每个板块只要一上市，创始人的身价又能暴涨几倍。到这个阶段，海底捞已经不是普通意义上的餐饮公司，而是横跨整个产业链的"餐饮帝国"。

由此可以看出，虽然都是做餐饮，但有的靠体力赚钱，有的靠管理赚钱，有的靠供应链赚钱，有的靠资本赚钱，背后的赚钱系统完全不同。越是低级的赚钱系统，赚钱越辛苦；越是高级的赚钱系统，赚钱越轻松。而企业要想持续盈利，就要不断升级自身的赚钱系统。因为你的赚钱系统基本决定了你赚钱的上限。那么，企业如何才能打造一个属于自己的赚钱系统，并不断升级自己的赚钱系统呢？在第5章，我会通过对系统思维、壁垒思维和杠杆思维的讲解，教大家打造赚钱系统以及升级赚钱系统的一些方法。

关于盈利的第五个节点，我要送给大家一句话：要不断打造和升级自己的赚钱系统，从而让自己有机会轻松赚大钱。

六、 盈利的第六个节点：持志

问大家一个问题：一家企业是从什么时候开始不再持续赚钱的呢？我的答案是，从创始人丢掉初心、失去斗志的那一天开始。为什么会丢掉初心、失去斗志呢？答案是虚荣和贪婪。

有一家企业，原本实业做得非常好，在细分领域绝对算得上是龙头企业。做出成绩以后，就被很多人盯上了，于是就有人不停地忽悠这家企业的老板做这做那。煽风的人多了，老板就"飘"了，开始盲目搞多元化，做了房地产、互联网、饮料等项目，最终因为步子扯得太大，导致资金链断裂，企业破产。有一次听这位老板复盘，他说因为自己太好面子，导致缺乏战略定力，才有了那样的结局。听后我很有感触，因为我见了太多逃不过人性弱点的老板，禁不住别人的忽悠，脑袋一热就乱投资，完全没有考虑是不是背离了自己的核心竞争力和本心，被虚荣心牵着跑，最后就掉进"坑"里了。

除了虚荣，另一个可以快速摧毁斗志的就是贪婪，说得具体一点就是过度投机。一些老板赚到钱后就开始赌博，比如雷士照明创始人吴长江、金立手机创始人刘立荣，都是因为赌博而给自己惹上了一身麻烦，还给企业带来了极大的负面影响。

虚荣心会吞噬本心，贪婪会毁掉斗志。如果任凭虚荣心和贪婪释放，即使一手好牌也会被打烂。所谓"持志"，就是守住初心、保持斗志，在赚钱这条路上勇往直前。那么老板如何才能"持志"呢？在第6章，我将分享三观思维、反脆弱思维和影响圈思维，帮大家找回赚钱的原动力、守护内心的力量。

七、 盈利的第七个节点：活用

前面讲了盈利的六大节点，下面我们来简单梳理一下六大盈利节点之间的关系。

赚到小钱靠"优术"（从 0 到 1）；

赚到中钱靠"利器"（从 1 到 10）；

赚到大钱靠"取势"（从 10 到 100）；

持续赚钱靠"明道""修法""持志"（从 0 到 100）。

"优术""利器""取势"主要讲"操盘的事"，也就是选项目、定模式、找方向。"明道""修法""持志"主要讲"操盘的人"，也就是理逻辑、定战略、守内心。而要赚到钱，最终靠的是"活用"，也就是你对人、事的敏锐把握和灵活操盘。

赚钱本身就是一件极其复杂的事情，你越想赚得多，你做的事情就越复杂，涉及的因素也会更复杂。你需要不断深刻地理解人、理解事、理解人与事之间的关系。而盈利思维地图，就是一份帮你深入理解以上这些的认知地图。

那么，如何才能用盈利节点和盈利思维进行破局呢？简单来说就是，从你最有把握的一到两个盈利节点发力，去击穿其他盈利节点。例如，很多老板刚创业时，往往一穷二白，但就是有不认命的野心以及想挣钱的欲望，也就是说他们能够"持志"，所以他们经过折腾以后，照样可以赚到钱。这就是用第六个盈利节点去击穿其他盈利节点。

又如，有些老板是做小生意起家的，他也不知道自己以后能做什么，反正他就是擅长通过各种小生意赚到钱，做着做着，积累的资源和经验越来越多，眼界也越来越开阔。只要能抓住一次大的风口，就可以实现财富暴涨。他们就很擅长"优术"和"取势"，也就是利用第四个和第一个盈利节点击穿其他盈利节点。

还有很多老板之所以能赚到大钱，是因为在一些关键时刻进行了业务转型。我认识的一位老板，他最早是做批发的，虽然赚了点钱，但总觉得自己从事的行业利润太低。后来房地产行业崛起，他就不做批发生意了，全心投入当地的房地产开发，赚了大钱。这位老板就是利用第一个盈利节点去击穿其他盈利节点的。

赚钱这件事情，从来都是法无定法。但选择在哪个盈利节点上发力，要遵循三个原则：因人、因时、因势。

因人：就是看你擅长什么，掌握了什么资源。

因时：就是看你目前处在哪个阶段，是初创期、成长期，还是转型期。

因势：就是看你身处的商业环境在发生什么大变化，有哪些变化因素是可以让你借力的。不同因素发生的变化会使你的起手盈利节点有所不同。

总之，实事求是，活学活用。

至于如何才能用好盈利思维地图，我将在第7章分享三个思维，分别是破局思维、组合思维和迭代思维，帮助大家更好地利用这份盈利思维地图。

以上就是关于本书七大盈利节点的讲解。做好准备，跟我一同踏上这场关于赚钱的认知升级之旅吧！

| 第 1 章 |

取势：看准商业趋势

找到属于你的赚钱风口

趋势是盈利的第一大杠杆。盈利的第一个节点是取势：顺应趋势，事半功倍；逆势而行，事倍功半。本章将讲解如何顺应趋势，用类比思维、分析思维和终局思维去思考，并找到赚钱风口。

类比思维:

从人类迁移史中
洞察商业趋势

这两年在服务客户时，听老板们说过最多的一句话就是，钱不好赚。为什么钱不好赚？很多人会说，是因为经济下行、受新型冠状病毒感染影响等。总之一句话：大环境不好，大家都没钱，赚谁的钱去？乍一听，好像挺有道理，但只要你仔细琢磨就会发现，不管行情多差，身边总有人在赚钱。

其实赚钱和赔钱是同一个原因：大家遇到了百年未有的商业大迁移，现在正好处在拐点。赔钱，是因为商业迁移到了新环境，以前用的赚钱手段不适用了；赚钱，也是因为商业迁移到了新环境，新环境里就有新机会。比如这几年，通过做短视频和直播带货迅速赚到钱的大有人在。以前，这些人大多是寂寂无闻，有的甚至连日子都过得捉襟见肘；而现在，他们抓住了商业迁移的机会，一下子就做起来了。

当然，很多人也知道现在赚钱的大环境跟以前不一样，但就是把握不住新机会。为什么把握不住？不是不想把握，而是对商业迁移这件事的认知不够。要想琢磨清楚这件事，就不能置身商业看商业，否则会当局者迷。不妨把视野放宽，站在整个人类发展的角度来看商业，你就会发现这是一部迁移史。

整个人类史就相当于一部迁移史。1200 万年前，非洲东部因为地壳运动出现了一条大裂谷，刚好把一批猿猴分成了两半。西边的猿猴仍然生活在丛林里，跟之前区别不大，所以也没怎么进化，最后就成了大猩猩。而东边的猿猴就惨了，所在地雨水太少，树林也消失了。它们以前在树林里学到的攀爬技能，如今就用不上了。没有了生存技能，大部分猿猴死了，只有小部分放弃了以前的爬树优势，开始用两条腿奔跑狩猎。它们就是人类的先祖——南方古猿。又过了几百万年，非洲的气候开始恶化，草原变成了灌木大草原。最早那批习惯奔跑的南方古猿因适应不了，又有很多死了。只有一小批古猿，为了生存，学会了使用火和其他工具。最后，它们的后代进化成了人类。

因为生存环境的变化，人类的先祖被逼无奈，经过了几次进化，从猿猴到人类，最终统治了地球。是历史造就了人类，还是人类创造了历史？这不重要。重要的是，对个人来说，要明白大迁移是必然的，要想活下去，只有一条路，那就是适者生存。不能进化的，就会成为大猩猩或者被淘汰；能够持续进化的，才有成为人类的可能。

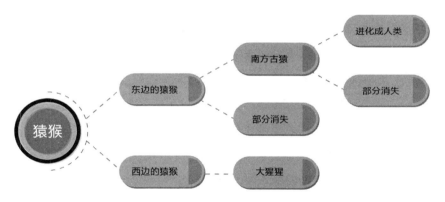

回过头来看商业。同人类迁移史一样，从蒸汽到电气，再到科技，每一次商业环境的迁移，都是一场优胜劣汰的洗礼。身处商业大迁移中的我们，永远不要纠结过去。比同行提前知道趋势，并且抓得住才是关键。要想抓住商业趋势，核心是抓住供需链的变化趋势。接下来，我来讲一讲如何抓住供需链的变化趋势。

一、 供需链：技术改变供给端，政策影响需求端

要想知道未来商业迁移的方向，就得先明白影响商业迁移的关键因素是什么。商业的本质是供需关系，只要供需关系发生巨大变化，一定会出现大迁移。为什么这么说？老生意人都知道，以前生意好做，不是因为自己有多厉害，而是因为做生意的人少，产品供不应求，只要有货就能赚钱；现在同质化产品泛滥，供过于求，大家互相打价格战，生意当然难做了。

举个例子，大家来看一下改变供需关系对生意的影响有多大。

电影院的可乐卖不动，老板想了各种办法：给员工做培训、做促销活动、不断地调整陈列，最后直接降价，但效果都一般。扫地的老大爷看不下去了，把空调温度调高了5℃。温度高后，人就容易口渴，自然就有人想买可乐。不用做促销，也能卖爆。

老大爷调高温度，就是在改变供需关系。当然，这种小改变不会造成商业大迁移，大迁移必须有巨大改变。能让供需关系发生巨大变化的，一个是技术改变供给端，另一个是政策影响需求端。

技术改变供给端

先来说说技术是怎么改变供给端的。全世界的商业环境，经过了三次大革命：第一次是蒸汽革命，第二次是电气革命，第三次是科技革命。三次革命的本质，其实都是技术革命。从瓦特改良蒸汽机，到图灵发明

计算机，每一次技术变革，工业产量都会呈几何级增长。马车再厉害，也没有高铁跑得快、拉得多。科技永远是第一生产力，也是驱动商业变化的根本动力。所以，只要弄清楚技术发展的趋势，就摸清了未来商业的发展脉络。

那么，技术的发展趋势主要是什么呢？两个方面：基础科学和数字化的发展。

为什么有基础科学？因为基础科学的每一次突破，都会颠覆整个商业格局。

讲一个差点改变全球能源格局的真实案例。

美国有家公司号称可以把巴西的甘蔗地变成油井。听起来是不是很魔幻？这不就是把水变成油的骗局吗？可人家真的做成了。

这家叫Amyris（阿米瑞斯）的生物公司，是美国加州大学的一个化学教授创办的。最开始教授研究的是酵母细菌，主要用于治疗疟疾。结果意外发现，细菌能把吃进去的甘蔗汁，变成金合欢烯。金合欢烯其实就是油，氢化之后就能变成燃料，跟我们用的柴油差不多。而且，因为是甘蔗转化的，不会产生污染环境的废气，所以比从石油中提炼的柴油更环保。

2006年，教授拿到了几千万元的融资，到了2010年，产品顺利量产。美国通用电气公司、巴西蔚蓝航空公司、巴西航空工业公司公开测试表明：甘蔗油跟传统的燃料区别不大。后来，奔驰也表示没问题。这可太厉害了，石油总有开采完的一天，但甘蔗割一茬立马能种下一茬。于是，Amyris在纳斯达克上市后，股价一路高涨。可惜的是，量产出来的甘蔗油价格太高，而当时的汽油价格又很便宜，最后导致无法打开销路。

后来，Amyris 停掉了造油项目，向利润更高的市场进军，如开发一些清洁和美容产品。这些产品虽然销量不高，但利润高，比生产甘蔗油更赚钱。就这样，Amyris 活了下来。虽然 Amyris 改变能源格局的野心落空了，但人们看见了生物合成技术的巨大潜力。

我们国家在"十四五"规划中，就把合成生物学作为科研攻关的重点方向，美国也把它作为六大颠覆性基础研究。因为大家都很清楚，一旦成功，就好比瓦特改良蒸汽机，会改变整个商业史。

另外，基础科学还是所有技术的底层架构。

任正非在 2019 年的一项专访中谈到，华为有 700 多个数学家。可能有人要问了：一个做通信的，研究数学做什么？因为，华为当年打通 2G 到 3G 的核心算法，就是俄罗斯的数学家破解的。5G 更是在一大批数学家和工程师的努力下共同完成的。所以，未来谁能掌握基础科学，谁就能真正地掌控商业趋势。

再来说数字化。石油是现代工业的基础原料，不仅车和设备要加油，就连我们穿的衣服都是用从石油里提炼的纤维做成的。所以，很多本来穷得一塌糊涂的国家，靠石油就能富得"流油"。而数字化是未来工业的基础原料。提前掌握数字化，就是提前给自己挖油井。

举一个用数字化颠覆传统保险行业的案例。

2021 年，特斯拉推出了 UBI 车险，即一种基于驾驶行为的保险。埃隆·马斯克说，这个业务要是做好了，比卖车还赚钱。

为什么他这么看好车险产品？逻辑是这样的：现在的车险有很多不合理的地方。例如，我做咨询，满世界飞，一年到头开不了几次车，却要付保费。不交吧，担心出事故；交吧，心里多少有点不得劲儿。

那能不能按实际开车的公里数算保险呢？如果我这样对保险公司提要求，他们肯定会以为我疯了，这怎么定价呢，不是难为人吗？！马斯克的UBI车险解决的就是这个问题。所有的特斯拉车，出厂前都会装OBD（车载自动诊断系统）设备，不仅能算出每天开车的距离，还能自动统计车主的开车习惯。例如，猛踩刹车多少次，恶意超车多少次。人工智能会根据这些数据，分析出车主开车是比较容易出事故，还是比较稳当。

数字化就是通过整合所有人的个性数据，重新对市场的服务定价。像我这样，一年到头开不了几次车的，保费收少了，马斯克也不吃亏；像我朋友那样，没事喜欢玩户外探险的，保费必然翻倍。如果你是传统的保险公司，慌不慌？用车少的被特斯拉以保费低吸引走了；高保费的出险率高，承保了自己难受。

当然，基础科学和数字化听起来都很重要，但对于小公司来说，感觉有点够不着。基础科学投入高，回报周期长，小公司熬不住，所以基础科学只能靠大公司使劲儿。但数字化，大小公司都可以做。小公司可以用数字化优化自己，也可以用数字化改造行业。总之，"数字石油"这口油井必须挖，而且要趁早，迟了就会被别人抢走。

02 政策影响需求端

讲完技术改变供给端，再来说说政策对需求端的影响。

政策是市场背后那只无形的手。我有个客户，在北方的一个贫困县做农业。做农业的都知道，农业利润非常低，一年收入一两亿元，利润可能才一百多万元。此外，小地方市场有限，也做不了多少量。正当公司岌岌可危之时，赶上国家进行定点扶贫、定额消费，要求南方的国有企业必须到他们那个贫困县买农副产品，以支持国家精准扶贫。我的这个客户，因他的产品进入了扶贫产品的名单，一年保底盈利几百万元，公司得到了喘息的机会，总算是保住了。

关于政策对需求的影响，凯恩斯有一个经典的"挖坑理论"：如果经济萧条了，大家都没饭吃，工厂也没有业务，最好的解决办法是政府组织人"挖坑"，挖完再找另一帮人把"坑"填上。这听起来很荒谬，但其实逻辑是这样的："挖坑"需要铁锹，这样一来，生产铁锹的企业有活儿了，生产钢铁的企业也有活儿了；工人领了工资后要消费，工人消费了，当地的餐饮、娱乐等行业就被带动起来了；工人有活儿做、地方有消费、政府有税收，经济就又活了。

比如2000年的西部大开发，国家投的基本上是基建类产业，通过工程类企业，将全国经济盘活。

你可能要问了，普通人怎么知道国家未来的政策方向？其实很容易知道，前面提到的扶贫助农和西部大开发，全写在国家的五年规划里。我们国家每五年会做一次规划，比如第十四个五年规划里说得非常明确，未来国家发展的关键词是"高质量"。

怎么理解"高质量"呢？这里我把国家比作一个人。改革开放初期，穷小子一个，为了有口饭吃，只能做点卖体力的代工活。好在小伙子人穷志不穷，一边干活儿，一边攒钱，一边还学习资本家的先进技术。四十多年后，穷小子"支棱"起来了，能跟资本家掰手腕了。小伙子解决了温饱问题，年龄也大了，当然不能像以前那样，拿命赚钱了，况且拿命也赚不到大钱。要赚大钱，还得多读书，学技术，提高生产力。所以，国家要走高质量发展路线。

设立北交所、提出"一带一路"倡议，其实都是为了高质量发展。设立北交所，针对的就是那些没有钱但又要做科研的小企业，是为了帮其筹钱。有了钱、有了人，生产效率提高了，东西还得卖出去；提出"一带一路"倡议，中国重新启动丝绸之路，就是要建一个新的贸易圈。而且，为了长远的高质量发展，以前那些虽然赚钱，但是影响生态环境的旧发展方式，都需要改掉。国家提出节能减排的发展战略后，一些小作坊，要么进工业园走正规化道路，要么直接关门。"高质量"是以后商业发展的趋势。

二、 连接端：做小池塘里的大鱼

供需关系说完了，还少了一个重要的关键点，那就是连接。商业本质，"买卖"二字，再加上连接买卖双方的平台，才是完整的流程。例如，你是做餐饮的，供给的是菜品和服务，客户的需求是吃饱、吃舒服，而连接两者的就是你开的餐厅。没有餐厅，买卖便不成立。就算是外卖，也需要外卖员来连接。所以，供需链是商业的基本结构，而连接供需的是平台。未来，很多行业的公司会是中间小、两头大的哑铃结构，要么进化成行业头部公司，要么做一家细分赛道的小而美的公司。

我有个朋友是做农业无人机的，他们这个行业现在就是这种情况。头部的两家公司——大疆和极飞，占近九成的市场份额。剩下的全是一些区域性的小公司，只能靠政府项目勉强维持着。

为什么农业无人机整个行业会被两家公司垄断呢？无人机的核心技术是续航能力和稳定性。续航主要靠电池，电池都是找上游电池厂采购的。两家头部公司由于量大，采购价比其他小公司低很多。仅是成本优势这一项，就把很多小公司压得死死的。再加上大公司有实力持续投入研发，优化稳定性，产品真正做到了既便宜质量又好，小公司根本没办法竞争。

要想破局，只有一个办法，就是在细分领域"杀"出一条"血"路。现在有一家叫极目的农业无人机公司就是这么做的。国内适宜农业发展的地形类型主要有两种：一种是平原，种玉米、小麦、水稻之类的；还有一种是山地，种果树、茶树之类的。

基于两个原因，大疆和极飞没有把山地当作重点。一是从体量上来说，肯定是平原比山地多；二是山地到处是树枝，稍不注意，无人机就会因撞上树枝而损坏。这样一来，成本会比人工施肥高出很多，典型的出力不讨好。

极目就抓住这个机会，把山地作为重点来研发技术。无人机在平原，要的是续航好、跑得远；在山地，要的就是突破视觉传感避障和操纵灵活性。最终，极目通过技术壁垒开拓了市场。虽然不能跟两家大公司的规模相提并论，但在山地这个细分领域绝对是头部企业。

在未来，中型公司生存会越来越艰难，论规模比不了大公司，论灵活性又比不了小公司，夹在中间，成本高，效率低。要生存下去，要么逼着自己变成大公司，要么转型做一个细分赛道的小而美的公司。而做大公司是要靠机遇的，与其在大池塘里当小鱼，整天担心被大鱼吃掉，还不如找个小池塘，在里面当大鱼。

那么如何成为小池塘里的大鱼呢？像极目这种，走细分领域强技术壁垒的，是条出路。但是很多公司，并没有技术壁垒，如卖衣服的、做代工的，这类企业就要做超级个体，打造个人IP。因为个人IP是未来最大的流量入口，只要流量够大，可以有很多玩法。具体怎么做，将在后面的章节讲解。

大圣点拨

通过对这一讲内容的学习，读者应该认识和掌握以下核心知识点。

第一，整个人类史就相当于一部迁移史，现在我们正处在商业大迁移的转折点。提前洞察商业趋势，才能抓住机会。

第二，要想掌握商业趋势，核心是抓住供需链的变化趋势。

◎ 技术改变供给端，技术发展的趋势是基础科学和数字化的发展。对普通人来说，虽然基础科学够不着，但数字化绝对能抓住。

◎ 政策影响需求端，"十四五"规划的核心关键词是"高质量"。

◎ 连接供需的是平台，没有技术壁垒的公司，其未来的趋势是成为小而美的超级个体。

总的来说，普通人最好做一家数字化赋能的高质量、小而美的公司。

分析思维:

新商业时代下的
生存法则

我的朋友张总，以前做生意时，只招几个业务员打打电话进行销售，业务就多得忙不过来。后来，打电话不太奏效了，就改做百度SEO（搜索引擎优化），生意也还可以。可没过几年，SEO推广效果也不怎么好了。那时，同行都做微信营销，张总就感觉有点跟不上了。而现在，同行开始做直播，他就彻底玩不转了。

张总说，虽然他们这行没以前好做了，但总有人做得还不错，尤其是那些刚入行的年轻人，"愣头愣脑"地玩抖音，大多发展得很快。

张总问我，现在做生意，怎么变得这么快？感觉没过几年就得换个玩法，要是继续用以前的营销方式，就会既辛苦又不盈利。

我说，这是因为我们刚好赶上了商业大迁移，进入了新商业时代。

新商业时代的生存法则是适者生存：能快速学习、提升和适应，就能够活下来；如果固守老经验、老方法和老模式，就会被淘汰。新商业时代极其残酷，它要淘汰你，连个招呼都不会打。所以，我们一定要清楚新商业时代下的生存法则。

上一讲中，讲过商业的基本结构是供需链：技术改变供给端，趋势是基础科学和数字化的发展；政策影响需求端，趋势是"高质量"；连接供需的是平台，没有技术壁垒的公司，其未来的趋势是成为小而美的超级个体。

所以，新商业时代下的生存法则其实就三点：

① 顺应高质量发展的时代趋势，走"专精特新"的道路；

② 顺应数字化发展趋势，要么用数字化为行业赋能，要么用数字化优化自己；

③ IP化生存，成为超级个体。

 走"专精特新"的道路

做生意，要懂点政治经济学。政策是市场背后那只无形的手，而未来政策的变化，都写在五年规划里，目前的核心关键词是"高质量"。可问题是，企业要走高质量发展这条路，肯定要靠资金投入。但当前的情况是：一方面，市场越来越难做，大多数公司的资金都很紧张；另一方面，说到资金投入，小公司也比不过大公司。例如，华为一年在研发上就投上千亿元，小公司想都不敢想。

那怎么破局呢？我们可以借鉴日本中小企业的做法，走"专精特新"的道路。日本处于萧条期时，经济增速常年在 1.6%，经济发展基本上是停滞的。但到了 2015 年，日本成了全球创新企业最多的国家。在很多细分领域，涌现出大量的隐形冠军。这些企业寂寂无闻，却赚得盆满钵满。

讲两个日本小企业的案例。

冈野工业，一家只有六个人的公司，年销售额6亿日元，号称全球冲压加工第一。冈野工业是靠做打火机外壳起家的，通过不停地迭代超合金模具，成了细分行业的利润之王。它做出了全球最细的注射器针头，用这种针头给病人打针，病人几乎感觉不到疼。

几年前，日本向小行星"龙宫"成功发射了探测机器人。这么高精尖的科技项目，居然是300多家日本中小企业合作完成的。通信是机器人的关键技术之一，解决这个问题的是一家只有四个人的公司。这家公司只做通信这一块，已经经营了20多年。

在日本，这样的公司到处都是。有些企业做着做着慢慢就做大了。例如，全球机器人四大家族之一的发那科，员工平均年薪约80万元人民币，比很多小老板一年赚的都多。还有专做传感器的基恩士，公司净利润高达50%。要知道，华为的净利润也只有10%左右。上述这些公司做得这么好，就是因为在细分领域扎得够深，它们的很多技术都是行业首创的，拥有充分的定价权，利润能不高吗？

中国有没有"专精特新"的公司？有。截至2022年，我国已培育近9000家专精特新"小巨人"企业，这些公司基本上都寂寂无闻，但个个活得很滋润。例如，我之前服务过的湖北德普电气，专做新能源电池检测，这个市场极其细分，但因为该公司做得足够专业，利润一直非常高。再比如我们有个客户，他的公司专门生产一种特种泵，把产品做到了行业前三。虽然这个市场非常狭小，但该公司可以凭借过硬的产品占领市场的大部分份额，而且因为产品足够刚需，不会轻易被淘汰，所以公司经营得很好。

但是，很多普通的生产、商贸、服务类公司，不像做技术的高精尖公司那样有技术壁垒，它们要怎么抓住国家高质量发展的机会呢？答案是，在细分市场上建立多维竞争优势，把一个细分市场做透、做精。

讲一个真实的案例。

来过西安的朋友都知道，西安有一个出名的"三秦套餐"，就是凉皮、肉夹馍和冰峰汽水。1953 年，冰峰汽水在西安诞生。1995 年，可口可乐高调进军西安。随后，健力宝、雪菲力、津美乐、野刺梨等知名品牌相继进入西安市场。冰峰开始了跟巨头之间的正面竞争。"财大气粗"的可口可乐为了占领玻璃瓶饮料市场，推出了 250 毫升的玻璃瓶装可乐，和冰峰卖同样的价格，进货价却比冰峰还便宜五分钱，因此抢走了冰峰不少的市场。

这场竞争持续了两年，雪菲力、津美乐逐渐被可口可乐的雪碧打败，野刺梨因为一次质量事故逐渐淡出人们的视线，健力宝也因为配方中含有蜂蜜，不太符合西安人的口味而逐渐退出了市场。反观冰峰，却占据了西安将近 70% 的市场份额，它竟然在局部市场打败了可口可乐。

相信看到这里，你肯定会好奇：冰峰到底是如何做到的呢？答案就是，在细分市场上建立多维竞争优势。冰峰能在西安汽水饮料市场独占鳌头，因其具有以下几大竞争优势。

① 冰峰的产品更加符合西安人的需求

为了对比几家公司的产品，我买了健力宝、芬达、北冰洋、冰峰等多款汽水。对比之后发现，这些饮料的成分并没有根本性的差异，区别在于口感。例如，芬达的气泡更多、更爽口；北冰洋的味道比较淡，更清爽；而冰峰的口感偏甜，也更加黏口。因为冰峰里面添加的是白砂糖而不是糖精，同时它也没有太多气泡，喝了之后，不容易胀肚。这就更符合西安人的饮食习惯：炎炎夏日的夜晚，吃着烤羊肉、烤牛肉，喝着冰镇的冰峰，不用担心胀肚，那真是无比惬意。

② 冰峰具有明显的成本优势

玻璃瓶汽水因玻璃瓶较重，所以运输成本较高。而冰峰的原料、工厂和物流全部在西安，它可以将整个生产成本控制在最低，这就让冰峰拥有了碾压其他对手的成本优势。

③ 冰峰具有渠道优势

冰峰拥有 100 多家一级分销，400 多家二级分销，超 1000 万家终端经销商，这不是其他竞争对手可以做到的。而且，冰峰因为有自己的配送物流和密集的配送站点，只要零售商要货，冰峰最快可以在五分钟内送达。这些像毛细血管一样的终端网络，让冰峰的触角可以伸到西安的每一个角落。

④ 冰峰具有品牌优势

冰峰有一句广告语："从小就喝它。"很多老西安人的确是喝着冰峰长大的，早就喝成了习惯，喝出了感情，所以他们对冰峰有着极强的忠诚度。很多零售商一开始会同时卖好几个品牌的汽水，卖到最后发现，卖得最好的、最快的，还是冰峰。因为西安人，只认冰峰。于是零售商干脆只卖冰峰。

2003 年，冰峰尝试把玻璃瓶改为易拉罐，投入市场后发现，大家根本不买单，销量大跌。改用易拉罐除了会影响口感，更重要的是大家已经喝习惯了玻璃瓶装的冰峰。当冰峰把包装改回玻璃瓶以后，销量又恢复如初。

冰峰这个案例给我们的启发是，当中小企业想要在局部市场获得竞争优势，可以通过产品、成本、渠道和品牌建立多维竞争优势，把一个细分市场做透、做实，从而真正做到"占山为王"、傲视群雄。

关于走"专精特新"的道路，我的建议如下。

① 如果是技术驱动型企业，那么需要聚焦行业，不断打磨技术，练就自己的绝活，从而掌握定价权。

② 如果是非技术驱动型企业，那么需要在细分市场建立起自己的多维竞争优势，把细分市场做透，从而拥有强大的"护城河"。

 ## 二、顺应数字化发展趋势

接下来我们讲一下如何玩转数字化。抓住数字化的趋势，有两个方向：要么用数字化改造一个行业，要么用数字化优化自己的业务。先说如何用数字化改造一个行业。

成都有一家传统的农业公司，主要产品是牛肉和蜂蜜。养蜜蜂，听起来是个甜蜜的事业，实际上却非常辛苦。一年四季，必须跟着花季跑。而且，开花这事儿极不稳定。年年百花争艳，今年这儿的花开得好，明年那儿的花开得好。更关键的是，如果蜂农当年跑错了地方，没有抓住花季，蜜蜂就没办法产蜜。有些商家为了赚钱，会给蜜蜂吃白糖，这样一来，蜂蜜的质量就降低了。所以，很长一段时间，蜂蜜的质量低都是行业的大问题。

而现在，成都这家公司用大数据把这些事都解决了。它们开发了一款叫"追花族"的App，每年在花季之前把当年各地的开花情况上传上去。软件还会根据开花的情况，自动生成"热"地图，蜂农想去哪里，提前看看"热"地图就行了。另外，以前花开得好的地方，经常会出现同行扎堆、蜂多花少的情况，导致蜂蜜质量无法保证。有了这款App，蜂农的动态会实时更新。就像我们的导航一样，看到哪里堵车，就能提前规避。这样蜂农既能找到好的花海，又不扎堆，就没人会造假，消费者也就能吃到放心的蜂蜜了。

除了解决花海问题，追花族App因为有每个蜂农的数据，所以很清楚蜂农什么时候需要车辆搬货，什么时候销售蜂蜜，于是App上便增加了一键搬货和卖货功能。以前养蜜蜂不仅收入不稳定，还辛苦，年轻人都不愿意做，养蜂的全是中老年人，长此以往，这个行业可能会慢慢消失。而现在，采蜜稳定，销量稳定，用车方便，养蜜蜂的人也就多了起来。至今，追花族App上已经收录了5万多个采蜜点，有近15万蜂农在上面共享数据。

这就是被数字化改造的传统行业，效率更高，行业也更健康了。大概率上，以后很多行业都会被数字化改造。而谁来改造，谁就能抓住机遇。

再说一个公司用数字化优化自己的业务，从而赚到钱的案例。

之前我们服务过一家物业公司，老板最头疼的就是收物业费。他们服务的小区都是一些老小区，老年人居多。收物业费难，收老年人的物业费更难。老板被这事搞得焦头烂额，甚至都打算不做了。

后来，这家物业公司用数字化手段把这个问题解决了。怎么解决的呢？老年人多的小区有个问题：很多老年人都是独居，虽然生活能自理，但年纪大了，摔个跤或是有个什么突发情况，后果都非常严重。之前就有新闻报道过：独居老人在家摔倒几天都没人管。

针对这一问题，物业公司想为老年人提供帮助。要怎么做呢？每天上门嘘寒问暖不现实，在每家装监控也不可能。他们便想了一个办法：看水表。他们把小区的水表换成了智能水表，智能水表有数字化功能，看数字非常方便。只要半天数字没变化，就说明老人这半天没有洗手、没有做饭，也没有上厕所。要不就是家里没人，要不就是出事了。这种情况下，物业公司为了防止意外的发生，就会给老人打电话。后来，为了节省人工成本，该物业公司做了智能外呼系统。只要水表数字半天没变化，系统的机器人客服就会自动拨打老人的电话。打不通的，再让工作人员上门查看。这样一来，既降低了成本，又提高了效率。

有了物业的贴心服务，以前不愿意交物业费的老人，现在交物业费都非常积极。人是感性左右理性的动物，只要真诚相待，别人都能感受得到。

对企业来说，数字化是未来先进的生产力，是基础原料。至于能发挥多大威力，取决于企业的认知。而企业要想玩转数字化，就需要把握以下两点。

① 发现所在行业或者企业存在的痛点并解决。我们前文提到的两家企业，都敏锐地发现行业或者企业中存在的痛点，并用数字化手段解决了。

② 以解决痛点为目标，结合企业或者行业特点，以数字化手段构建系统的解决方案。

三、 IP化生存，成为超级个体

下面我们讲IP化生存。

上一讲我们讲过，未来的公司形式是哑铃结构，要么大，要么小。夹在中间的中型企业，规模比不上大公司，灵活性比不上小公司，最后既没有规模优势，又没有灵活性，大概率会走不下去。而要想成为大公司，除了要有实力，还得看运气。所以，大部分公司的终极理想是成为一家小而美的公司。

要想成为一家活得滋润的小而美的公司，除了在细分赛道上有绝对的技术优势，还有一个捷径，就是成为超级个体，打造个人IP。个人IP是未来相对最大的流量风口。

生意原始的逻辑是：一看都是人，卖啥都能行；一看没有人，卖啥都不行。

我认识一位朋友，是做花卉的，这个行业产品的同质化严重，竞争异常激烈。所以这位朋友累死累活地做批发，一年下来，盈利却很少。后来，他到抖音做个人IP，其中一条视频"爆"了，播放量几千万。他利用这条视频带来的流量，连开21天直播，不到10个人的公司，销售额达1200万元。

个人IP为什么能成功？因为买卖的基础是信任，产品再好，客户不信任，一样不会买。很多企业经营者的第一桶金就是靠信任得来的。做个人IP，成为超级个体，不过是把以前成功的生意模式，在抖音日活量约7亿的流量池里放大而已，个人IP本质上是放大原有生意的杠杆。

而要打造个人IP，需要做好三件事：立人设、引流量、做变现。

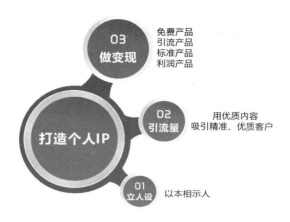

01 如何立人设

很多人都有个误解，认为立人设就是演戏，观众想看什么就演什么。殊不知有生命力的IP不是一两天就可以打造出来的，它需要日积月累的内容浇灌，才能长成参天大树。演一时可以，但要想长久生存下去，则要以本相示人，只能真，不能假。所以，立人设最好的方法是，找到自己身上真实存在的，并且是客户需要和喜欢的一个特质，然后将这个特质放大。

有了人设，就要把人设立起来。

在现实生活中，我们对一个陌生人的第一印象来自他的穿戴和言谈。做个人IP也一样，穿戴要迎合普通人的审美。例如，群响的创始人刘思毅的人设是北大毕业的青年精英，但他喜欢染头发，气质又压不住发型，看起来像非主流。结果直播的时候，评论区都说他不是北大毕业的，并让他赶紧回工厂打螺丝去。后来，他在发型、着装上做了改变，迎合了大众对精英的审美。人设的感觉对了，评论区再也没人说这个事了，直播销售额也跟着上去了。

而打造个人IP的语言，就是短视频和直播中要讲的内容。每个人说的话，都是自己三观的投影。由此可见，输出内容本质上就是输出个人的三观，最后找到跟自己三观相符的一批人。

02 如何引流量

从做"孙大圣说商业"这个IP开始，前后引来了上亿的流量，单个视频播放量超过了1000万。核心秘诀是用优质内容吸引精准、优质客户。什么是优质内容？每个人的看法可能千差万别。但是，深入浅出，肯定是公认的答案。那么，怎么让内容变得深入浅出？我总结了四点：哲学级洞察、原理级解释、故事化演绎、口语化表达。前两点是"深入"，后两点是"浅出"。

举个例子，我们来说说为什么现在的离婚率这么高。

先深入，用哲学级洞察。哲学研究的是问题的本质。离婚的本质，不是感情问题，而是生存选择。以前为什么很少有人离婚？那是因为土地和生产资源大多掌握在男人的手里。离了土地，没有其他活路，女人为了吃口饭，即便不满意，也会忍气吞声。而现在，很多女人赚得比男人还多，结婚是为了更好地生活。可一旦发现婚后生活还不如单身时，那就有可能选择离婚。

原理级解释，就是把洞察出来的哲学观点，总结出几个关键点，以便于理解。例如，离婚表面是感情问题，其实背后是经济链的改变，因为现在女人能养活自己了。经济链再往下层深入，又是为了活得更好，其实就是生存本能。感情—经济链—生存本能，就是婚姻的原理。这样深入就完成了。

浅出，就简单多了。先讲一位女士离婚的故事，提出问题：她为什么能那么任性，想离就离？用问题引起人们的好奇心。然后，聊经济链，谈这位女士结婚前后的差别。最后，借女士之口说出生存本能这个核心观点。例如，高质量的单身比低质量的婚姻更幸福，婚姻不是委屈自己，而是为了更好地生活。

全程口语化，就跟聊天一样。同时若视频的内容不浮于表面，能比一般人想得深入，就很容易获得点赞，甚至被转发。这条视频大概率就火了。

不同行业的内容逻辑大同小异。但归根结底，只要能做出好内容，就可以有大把流量。所以，有了 IP 后，重点就是做好内容，用优质内容低成本引流。

03 如何实现流量变现

以我自己来说，变现产品线主要分为免费产品、引流产品、标准产品和利润产品。免费产品就是所做的视频内容；引流产品就是免费送的电子书；标准产品是"孙大圣炼金会"这个老板圈子以及付费课程；利润产品是咨询项目，帮客户解决流量问题，打造个人 IP。

IP 立人设，内容引流量，产品做变现，这就是成为超级个体，打造个人 IP 的完整商业闭环。

大圣点拨

新商业时代的生存法则，有以下三个。

第一，顺应高质量发展的时代趋势，走"专精特新"的道路。这里我提了两个建议：一个是练就绝活，另一个是在细分市场建立多维竞争优势。

第二，顺应数字化发展趋势，要么用数字化为行业赋能，要么用数字化优化自己的业务。这里需要把握两个重点：一是发现痛点；二是用数字化手段解决痛点。

第三，IP化生存，成为超级个体。我讲了自己的案例，梳理了打造个人IP的路径：IP—流量—变现。

终局思维：

如何抓住风口？

如何才能真正抓住风口？关键就是掌握终局思维。终局思维就是从当下推演到未来，站在未来看现在，然后确定当下的行为。用一句话概括就是，看十年、想三年、做一年。"看十年"，看的是趋势；"想三年"，想的是路径；"做一年"，拼的是行动。那么，如何用终局思维抓住风口呢？我总结了三个步骤。为了方便读者更好地理解，我会结合自身案例讲解这三个步骤。

一、看懂趋势

前面讲了整个商业环境发生的一些大变化，但想要真正理解这些变化，就一定要结合自己所在的行业。比如我从事咨询行业，未来几年会发生以下明显的变化。

（1）**数字化趋势，使咨询公司连接端发生变化**

未来通过线上获客成为不可阻挡的趋势。甚至可以说，未来可以通过线上建立影响力以及获客的咨询公司，会拥有强大的竞争优势。

（2）**供给端的变化**

随着咨询普及化以及年轻老板的涌入，粗放型、非专业型的咨询公司越来越没有生存之地，咨询行业必然会走向精细化和专业化。

（3）**需求端的变化**

随着经济下行以及商业环境大变动，对于咨询行业：一方面，客户付费越来越理性和谨慎；另一方面，客户会不断产生新的咨询需求。例如，如何做直播带货、如何做IP、如何引流量等，这些需求是原来的老式咨询公司无法满足的。

看懂这些必然会发生的趋势以后，我做了以下两件事情。

（1）做IP，从线上引流量

2021年以前，我的大部分客户是通过线下获取的，其中一部分是客户转介绍；2021年，我开始正式做IP，在线上引流。一年下来，流量变现收益颇丰。

（2）使咨询内容精细化和专业化

以前给客户做的咨询业务是营销全案，过于宽泛。现在，我做了大量的删减，聚焦以下路径：IP—流量—变现。虽然还是做和营销相关的事，但是咨询范围变小了，做得也更精细了。

秋叶大叔算是互联网圈的名人。

但很多人可能不知道，他的另一个身份是大学教授，还是教机械专业的。

从机械专业的教授到互联网创业，教人做PPT，这个跨度不可谓不大。

那么，为什么秋叶大叔能成功呢？

最核心的一个点就是，秋叶大叔对未来的趋势判断对了，他现在是知名"大V"，公司有几百人。

他很清楚，未来十年都是互联网的天下，不管做什么类型的互联网项目，做就一定能赚到钱，更何况一个大学教授教人做PPT？

这种大炮轰蝇子的资源碾压，就是成功的法宝。

长江商学院校训——取势、明道、优术。老板的终局思维，就是从看准趋势开始的。

我有个朋友是做机器人直播的，萌发这个想法就是因为看到抖音上有人做这个项目，他也不确定能不能成。但他有个大概的判断——这几年受新型冠状病毒感染的影响，很多人都想找创业项目，最火的当然是抖音直播了。但普通人怕镜头，而机器人直播真人不用出镜，傻瓜式操作，非常新颖，大概率会吸引很多人。所以，他先做了一个账号试了试，播了一个多月，发现有戏，便开始批量复制。目前他手上有几十个账号不间断播，每个月稳定变现超 10 万元。

你可以问一问自己：你看到的属于你的趋势是什么？你需要改变的是什么？你需要坚持的是什么？彻底搞懂这三个问题，才算是真正看懂了趋势。比如我看懂趋势后迅速做出了改变，调整了公司的获客方式以及产品内容，并坚定地走在自己认定的路上，不断把公司发展壮大。

二、 找到不变的"一"

亚马逊的创始人贝索斯说："我经常被问到一个问题，即未来十年会发生什么变化，但很少有人问我，未来十年有什么是不变的。"

在变化的趋势之下，都会有一个不变的"一"，这个不变的"一"决定了你抓住风口的姿势，它就是你的战略起手式。这里你需要思考两个问题：你所在的趋势，那个不变的"一"是什么？凭什么你可以击穿这个不变的"一"，然后抓住风口？

还是以我从事的咨询行业来举例。什么才是行业变化之下那个不变的"一"？我总结了以下两点。

① 能不断创作出减少用户熵增又具有传播性的优质内容。内容质量的高低决定了是否可以在线上建立影响力，获取精准客户。

② 掌握不断做出优质案例的有效方法论，可以给客户持续创造价值，帮助其确立最终的行业地位。

再来回答第二个问题：凭什么我可以击穿这个不变的"一"，然后抓住风口？

（1）创作优质内容

在微博时代，我就已经有了一些知名度；后来进入公众号时代，我写出过全网阅读量过亿的文章《你不是忙，而是懒》，还写出过被《人民日报》的"夜读"栏目转载的文章《你为什么选择完就抱怨》；进入视频内容时代以后，我把自己的内容创作能力和咨询能力结合起来，持续创作优质的商业内容，真正获取了视频创作的红利。内容创作能力和在咨询实战中磨炼出来的商业分析能力，就是我击穿优质内容那个不变的"一"的利器。不管未来内容平台怎么变，我都可以拥有自己的一席之地。

（2）方法论

有效的方法论从来都不是拍脑袋想出来的，而是在大量实践中磨炼和提炼出来的。我以前给客户做咨询时，就已经在帮客户引流量，沉淀出了一些方法论。后来转战线上以后，我又结合一些新的玩法，不断将这些方法论进行打磨和升级。我的方法论不仅可以帮客户赚到钱，也可以帮自己赚到钱。它不仅有效，而且可以复制。对方法论的提炼、打磨和迭代，就是我可以不断击穿有效方法论的那个不变的"一"的利器。

另外，对于"草根"创业者来说，所谓的"一"，就是你起家时的制胜法宝。

这个法宝很可能是一个小招式。

例如，卖膏药起家的网红倪某某，他人生的第一桶金就是在淘宝靠"免费试用三贴、无效退款"的活动冲起来的。

等店铺起来了，流水稳定了，再转过身去打磨产品。若一开始就死磕产品，等死磕好了，风口也过去了。

早些年做淘宝的，有几个懂产品？很少。有些人可能就靠一个小切入点，带来了一大波流量，业绩就起来了。

对于老板来说，公司每天都会有无数个问题，但最大的问题只有一个，那就是生存问题。而解决生存问题，就要找到公司的那个不变的"一"。

三、 快速迭代

迭代这件事，每个公司都会做，但每个公司都会犯错。做到以下三点，可以避免犯错。

（1）不要把大海煮沸

做咨询服务时，很多老板都希望所有的服务项目能立马落地。我每次都会建议他们循序渐进地优化项目，因为对员工来说，如果把管理、营销、产品一起优化，执行起来会有很大的难度。抓新趋势更是这样，本来人们接受新事物就慢，如果老板什么都想做，那么最后大概率会什么都做不好。

我有个做服装的客户，他觉得抖音是个大趋势，就开直播、发短视频、做店群、做供应链，什么都做。结果，员工根本忙不过来，熬了几个月，撑不住了。后来他主动收缩项目，聚焦直播，单点击穿，反而达到了更好的效果。伤其十指不如断其一指，宁可少一些，也一定要彻底。

（2）先试后改，不纠结

很多人都听过《小马过河》的故事。小马想过河，不知道水的深浅。问老牛，老牛说："水很浅，刚到小腿。"问松鼠，松鼠说："水太深了，我朋友就是掉到河里淹死的。"小马不知所措，回家问妈妈。妈妈说："你自己试了才知道，问别人有什么用？！"

做生意抓新趋势更是这样，走的每一步都是之前没人走过的，重点是不要纠结，要大胆尝试。只要风险可控，先把一只脚伸下去试试。毕竟错过的成本比试错的成本大得多，而新趋势永远只奖励那些有冒险精神且勇敢前行的人。

（3）速度要快

有一次，我在头条平台发了一个微头条，发完后觉得内容挺好的，可以做成视频。本来打算晚上就把稿子改出来，第二天发。但是，又觉得视频内容不能太草率，应该再深思熟虑一下。当然，也是在给自己想偷懒找借口。结果，第二天刷抖音的时候，发现已经有人把我的内容原封不动地发到了抖音上，点赞量近一万。这就是现在的创业环境，抄你的人可能比你还勤奋。你不快点，能行吗？若把什么都想好了再行动，机会早已错过。所以不要太在意细节，速度第一，完美第二。很多事情，只有在做的过程中才能不断优化和迭代，躺着不动，永远不可能做好。

快速迭代的核心就是，不要一上来就想把大海煮沸，要先找一个点做起来，重点是不纠结和速度快。给自己试错的空间，先完成，再完美，才能不错过机会，赢得成功。

大圣点拨

用终局思维，抓住未来的趋势，分三个步骤。

（1）看懂趋势

搞懂三个问题：你看到的属于你的趋势是什么？你需要改变的是什么？你需要坚持的是什么？

（2）找到不变的"一"

搞懂两个问题：你所在的趋势，那个不变的"一"是什么？凭什么你可以击穿这个不变的"一"，然后抓住风口？

（3）快速迭代

牢记三件事：不要把大海煮沸；先试后改，不纠结；速度要快。

CHAPTER

| 第 2 章 |

明道：摸透底层逻辑

钱从哪里来，又到哪里去

　　盈利的第二个节点是明道。什么是明道？明道就是深刻理解商业的底层逻辑。价值逻辑、人性逻辑和交易成本逻辑是商业世界最核心的三个底层逻辑。基于商业的三大底层逻辑，延伸出了价值思维、人性思维和交易思维。

· 第4讲 ·

价值思维：

真正看懂
关于钱的真相

如何才能发现有价值的赚钱机会？如何才能打造一家真正值钱的公司？如何才能让一家公司持续赚钱？很多老板做了一辈子生意，但并不清楚做生意的本质是什么。有的人可能会说："我知道了有什么用，有些人虽然糊里糊涂的，不也把钱给赚了吗？！"

前几年我也是这么想的，能赚钱就行了，琢磨这些形而上学的东西做什么？但这几年，生意不好做了。我认识的很多老板都面临转行或者调整业务方向的困境。当面对抉择的时候，很多人都蒙了，不知道怎么做才是对的。这个时候，一方面，要看得远，瞅准未来的趋势，找个轻松赚钱的好赛道；另一方面，要看得透，琢磨清楚新的赚钱机会的底层逻辑，抓住成功的关键点。那么，怎样才能既看得远又看得透呢？答案是，你得有一双看透生意本质的眼睛。生意的本质，用一句话总结就是，更高效地满足供需差。

2020 年，新型冠状病毒感染暴发，口罩的需求量陡然剧增，可谓一罩难求。而口罩机的价格也水涨船高，翻了好几倍。有一位老板看到口罩的高价格和巨大的市场需求，觉得这是一个发财的好机会，不惜以每台 100 多万元的价格购入了几台口罩机。起初，他因口罩的价高而获取了几十倍的暴利，但是没过多久，口罩的产量就供大于求，价格断崖式下降。最终，这位老板将口罩机以每台一万元的价格处理了。他感慨地说："本来想着，多买几台口罩机，多赚些钱。结果，一招不慎，倒把大半辈子赚的钱全搭进去了。"之所以会这样，是因为他不懂得需求和供给是随时变化的，口罩只会在短时期内有巨大的需求。口罩生产的时间短、效率高，用不了多长时间就能填平缺口，之后必然会供大于求。

而他以极高的成本投入，却只能在极短的时间内获利，最终导致亏损。

此外，同行之间比的是谁家效率更高，网商超越店商，直播又超越网商。说到底，就是新的商业模式比老的商业模式更高效。一个好主播，一天的销量比传统商贸公司几十个人一年的销量还高。由此可见，商业的本质有两个核心点：满足供需差和更高效。只要能解决好这两点，公司就有价值，就不会被市场淘汰。

那么，如何让公司更有价值呢？我观察了身边有价值的公司，发现了三个核心点，我把它称作"价值三板斧"。

 第一板斧：发现价值

发现价值的核心是，找到客户的真正需求并满足他。如何找到客户的真正需求？可以从痛点、爽点和痒点三个方面入手。

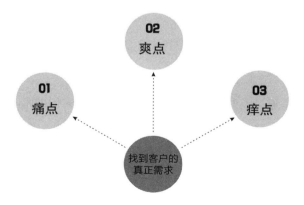

01 痛点

家用电池有一个痛点，那就是老电池和新电池放在一起，不容易区分。而且电池是圆的，滚来滚去很容易找不到。小米的彩虹电池就很好地解决了这个问题。

首先，小米的电池是彩色的，每节电池的颜色不一样，便于区分新旧；其次，为了方便收纳，小米电池还配备了收纳盒；最后，小米采取了价格战略，十多元就能买一盒小米彩虹电池（10 粒装）。所以，彩虹电池一上市，就成了小米的爆款产品。

此外，小米的其他产品也都是根据客户的实际痛点设计的，如小米加湿器。传统加湿器一般是从底部加水，很容易把水洒得满地都是；而小米的加湿器改成了分离式，从上面加水，就不会出现洒水的问题。

人通常是趋利避害的，逃离麻烦和痛苦是本能，所以只要能解决客户的真实痛点，就具有商业价值。

02 爽点

爽点就是通过及时满足找到愉悦感。现在，人们的耐心越来越少，看视频恨不得三倍速立马看完，吃饭恨不得抬腿就到，等红灯超过一分钟就烦躁，一切都想要及时满足。

连续创业者雕爷就是根据这一观察，把原来需要收拾、打扮后到店里才能做美甲，变成了上门服务。客户想什么时候做美甲，只需要在河狸家 App 上下单就行。河狸家的口号就是："河狸一下，马上变美"。

痒点

人除了逃离痛苦，追求快乐，还有一个需求，就是想成为更好的自己或者虚拟的理想自我。例如，男生喜欢看网文、女生爱看韩剧。他们看的是内容吗？不是！是在幻想自己也能过上像主角一样的理想生活。

任何年龄段的人都需要偶像或榜样，以勉励自己在这嘈杂的世间砥砺前行。《乘风破浪的姐姐》之所以那么火，是因为受到一大批不愿老去的女性的追捧。看啊，那些艺人虽然不再风华正茂，可看上去依然那么漂亮，站在舞台上仍然光芒万丈。观众会觉得，站在台上的就是自己，好像自己和她们一样容颜未老，一样充满活力。人们都喜欢追求美好的事物，向往美好的事物，幻想拥有美好的事物，哪怕只是靠近，也能沉溺其中。

发现价值，找到客户的真正需求，可以从痛点、爽点和痒点三个方面入手。但核心只有一条，那就是深挖客户需求：顺心而为，半步封神，实现客户想要却又没说出来的需求。

三、 第二板斧：创造价值

2017 年，高瓴集团创始人张磊，用了 531 亿港元收购了国内鞋业巨头百丽。当时，正好是线上电商碾压传统店商最厉害的时候，主流媒体一边倒地"嘲讽"张磊不自量力，非要赌上前半生的声誉和财富，跟网购大趋势对抗。结果，不到两年，张磊就"打"了所有人的脸。从百丽拆分出来的滔搏运动上市了，市值达到了 574 亿港元，已经赚回了投入资金。要是再加上百丽的其他产业，收益早就翻了几番。

最有意思的是，百丽还是那个百丽，一家传统的线下店商公司。为什么百丽现在又有了价值，并且得到了资本市场的认可呢？核心秘诀就是，借助数字化工具，提高公司的运营效率。

滔搏运动的商业模式很简单，就是把全球知名的运动品牌，如耐克、匡威全合到一家店里，走品牌集合店模式。对于这种模式，终端销售力是关键。所以，滔搏的 8300 多家店都是直营店，单员工就有 3.5 万人左右。

开过店的人都知道，终端店面的管理半径是个大问题。很多老板不是没钱开店，而是担心管不过来，店面坪效太低。以前线下生意好做，坪效不是大问题，只要开店就能赚钱。后来网商崛起，生意不好做了，坪效就意味着公司的盈亏平衡点。所以，让滔搏这家公司值钱只有一个办法，那就是在现有门店不变的基础上，提高单店的营业额。

2018 年，张磊给滔搏运动的一家门店安装了智慧门店系统。通过系统观察，有 70% 的客户从来没逛过门店后场的购物区，而且女性客户的转化率明显偏低。于是，张磊让店长把店面重新调整，增加了女性鞋服展示面积，陈列了更多暖色系，并且调整店面动线，引导客户到后场购物区。一个月后，这家店的后场购物区月销售额提高了 80%，全店销售额增加了 17%。在这个基础上，滔搏又开发了导购端的智慧门店系统，帮助导购管理客户、优化销售行为、分析客户购买习惯。

2018 年底，滔搏运动把 2000 万份从一线导购手上收集来的真实销售数据进行汇总，经分析发现，山东人和广东人最喜欢"剁手"买鞋；上海人偏爱限量款球鞋；顾客对阿迪达斯和耐克的购买力差不多；男性最爱买也最舍得买运动鞋；女性更喜欢潮流鞋等。根据大数据分析，滔搏重新调整了终端门店的商品陈列和销售策略。这样就形成了全国大数据、区域小数据、店面精准营销互相结合的立体化运营模式。用数字化重新帮滔搏运动构建了一套更高效的运营模式，最直接的表现就是店面的坪效和业绩提升了。2019 年 10 月，滔搏运动被直接拆分出来单独上市。

现在的商业环境，很难说谁比谁的资源更多，技术更先进。拼到最后，就是在有限的成本里，看谁创造的价值更大。我接触的很多公司，到今天为止，还是最原始的人盯人管理模式。但人盯人，累死人，效率非常低，老板不但不赚钱，还身心疲惫。

张磊给滔搏运动做的这套智慧门店系统，首先把人盯人变成了数据盯人，员工通过销售数据就会主动调整销售策略；其次，通过数据可以纠正员工个人的喜好偏差，找到客户的真正需求，避免出现大面积的陈列浪费；最后既能做到万店万面又能如臂使指。

当然了，很多公司也用过先进的工具，可效果往往不尽如人意。因为工具是死的，人是活的，最终效果好不好，还得靠团队执行，这时就要用到第三板斧了。

三、第三板斧：实现价值

实现价值的核心是，建立执行力更强的组织模式。

拿餐饮行业来说。截至 2021 年 6 月底，华莱士在全国超 1.8 万家门店，超过麦当劳和肯德基全国门店的总和。那么，华莱士是怎么做到的呢？核心就是给关键员工分股份，让员工为自己工作，而不是为公司工作。

做餐饮的都知道选址大于天的道理。选址对了，餐厅就成功了一半；选址错了，后面的运营团队再厉害也救不活。那么，怎样能保证选址成功呢？一般公司的逻辑是，把选址人员的提成和开店成功率挂钩，店选好了发一半提成，开业满半年再发另一半。更有甚者，开业一年后才给提成。这样一来，会出现两种情况。第一种，员工会觉得反正也不一定能拿到钱，不如就拿个底薪，提成靠碰运气，能拿多少是多少；第二种，想尽一切办法忽悠店老板撑下去，天天给店老板画饼，拿到提成后就不管不顾了。

而华莱士实行合伙人制，而且按照重要程度分股份。既然选址最重要，那就给开发选址的团队最多的入股比例，一般在 30% ~ 40%。总部、门店店长、区域督导等，比例在 20% ~ 30%。人在哪儿心不一定在哪儿，但钱在哪儿心一定在哪儿。选址的人占了那么多的股份，真金白银花自己的钱，找地方能不用心吗？跟房东杀价，能不狠吗？这就直接从源头解决了选址成功率低的问题。而且，但凡有好的店铺，不用总部安排，员工就会像狼一样扑过去。毕竟抢到嘴里的就是肉。这样一来，员工执行力低的问题解决了，开店资金问题也解决了。只要店面能赚钱，就算公司员工拿不出那么多钱，也能从外围找到投资人，或者总部为员工借钱提供担保。

现在华莱士的选址人员，甚至不领工资，开店成功后才拿补贴。这反倒比那些拿高工资、用 KPI（关键绩效指标）科学管理的公司开店成功率高得多。而且，一般餐饮公司发愁的问题，如人员流动大、离职率高，在华莱士统统不存在。遇到困难时，华莱士的员工也比一般公司的员工更有凝聚力和战斗力。

用一句话总结华莱士的合伙制，那就是"投资上的合伙、管理上的直营、法律上的加盟"。合伙制不但使员工具有极强的战斗力，也在很大程度上减轻了公司的负担。

大圣点拨

做一家能跨越周期持续赚钱的公司，核心是看透商业的本质。让公司真正值钱，更高效地解决需求差，具体有三板斧。

第一板斧：发现价值。重点是从痛点、爽点和痒点三个方面找到真正的需求。深挖客户需求，顺心而为，半步封神，实现客户想要却又没说出来的需求。

第二板斧：创造价值。核心是用先进的工具，在资源有限的前提下，更高效地提高运营效率，创造更大的价值。

第三板斧：实现价值。建立执行力更强的组织模式，把钱分给价值最高的员工，用合伙制激励员工，最大限度地调动员工的工作积极性。

人性思维：

人心即财富

对赚钱来说，理解人性非常重要。为什么这么说？

一方面，你能够协同多少人一起操盘、能够影响多少人，都取决于你对人性的理解程度。你对别人想法的揣摩和拿捏、对资源的整合利用，才是你能赚到钱的关键。

另一方面，商场风云变幻，市场会变、团队会变、项目会变，唯独不会变的是人性。做生意，不能只追着变化的东西跑，还要深刻理解底层不变的东西。越懂人性，对整个生意盘的掌控力就会越强。

人性是复杂的，我们不能简单粗暴地用"人性善"或者"人性恶"将其概括。人性是在多种因素交织和博弈之下呈现出来的一种状态，体现在人的选择和行为上。把影响甚至驯化人性的因素进行归纳后，我发现有三个关键要素决定着人性的终极状态，我把它们叫作"人性三角"。

那么，什么是"人性三角"呢？如何利用"人性三角"真正读懂一个人呢？接下来，我就和大家聊一聊。

每个人都会在不知不觉中受到文化属性的主宰

什么是文化属性？我们可以把文化属性理解为集体潜意识、一个人的潜意识、习惯以及本能之中极致的恐惧和爱。听起来是不是有点抽象？下面举个例子，你就明白了。

有两位性格截然不同的老板，我们称之为 A 老板和 B 老板。

A 老板有两个特点：一是害怕与人发生冲突；二是面对复杂情况的时候，往往不知道怎么办，做决策比较慢。最终导致的结果是，他对公司的边缘创新包容性极强。

B 老板的管理风格和 A 老板截然相反，他的管理风格基本上是"一言堂"。例如，在一些重大决策上，B 老板往往是自己先想明白，再假意跟员工商量，有时候即便大多数员工都反对他的决定，他依旧一意孤行。公司内部会议上，有些高管讲话没讲到点子上或者粉饰太平，B 老板会直接指出来，甚至会痛骂他们，根本不怕与人发生冲突，而且会不讲情面，这让很多员工都害怕他。为什么 B 老板喜欢"一言堂"？一个非常重要的原因是，B 老板白手起家，一路上只能靠自己，只能相信自己，只能去拼、去"抢"。如果他没有足够的自信，害怕与人发生冲突，他就不能穿越血雨腥风，去拥抱寒冬后的阳光。

每个人的内心深处都有两个核心原动力：一个是恐惧；另一个是爱。这两个原动力会慢慢成长为一个人的习惯，然后演变成一个人的性格，而老板的性格最终会进化成一家公司的管理风格。就像 A 老板对冲突和复杂性的害怕，最终演变成了公司对边缘创新的包容；而 B 老板对人生控制感的极致追求，最终演变成了公司强势的领导风格。

如果真的想读懂一个人，就必须读懂一个人内心深处的恐惧与爱，也就是他害怕什么、想要什么。

二、每个人都受制于其身后的经济属性

什么是经济属性？简单来说就是每个人都被自己身后的经济链条主宰着。电影《私人订制》里有如下情节。

记者问杨重："如果您有100万元，您愿意捐给那些需要帮助的人吗？"

杨重说："都捐了啊？"

记者说："对，都捐了。"

杨重说："愿意！"

记者又问："您有1000万元呢？"

杨重说："愿意。"

记者又问："您有一亿元呢？"

杨重说："10亿元都行！"

记者说："那如果您有一辆汽车呢？您愿意捐给别人吗？"

杨重摇了摇头。记者问："为什么呢？"

杨重说："别的都行，就是汽车不行！"

记者问："您有10亿元都愿意捐，为什么汽车就不行呢？"

杨重无奈地笑着说："因为我真的有一辆汽车。"

如果一件事跟一个人没有利益关系，那么他可能会表现得非常大度；

当一件事情直接影响到他的利益，他就像变了个人。原因就是他背后的经济链条发生了变化。位置决定想法，当一个人所在的位置发生改变以后，他背后的经济链条和利益结构就会发生改变。

有一次，我的一位朋友 A 想用某高校知名教授的科研成果做项目，于是就请教授吃饭。饭局上酒过三巡以后，A 一个劲儿地说，如果这个项目成功，可以赚多少钱，教授可以分多少钱。教授听完后当面没说什么，后来等 A 再去找教授的时候，教授对他爱搭不理，这使 A 很郁闷。

后来 A 就跑来问我这到底是怎么回事。我说："第一，你太着急了；第二，你没有真正弄明白这个教授想要什么。"朋友 A 追问："这怎么说？"我说："你作为一个生意人，想着项目做成以后能挣多少钱，想着给教授分多少钱，追求高收益，计算投入产出比，这本身没什么毛病。可问题是，教授未必这么想。首先，教授能在高校工作到这个年纪，就说明他追求金钱的欲望并没有那么强烈；其次，这个教授在学术圈子里的口碑一直很好，而且他非常爱惜自己的'羽毛'。也就是说，金钱并不能给他最大的刺激，他更在意的是，你做的事情本身是不是靠谱，你是不是能够很好地维护好他的名誉。相较于风险和赚钱，他更看重的是稳定和靠谱，而你在跟他交流的过程中，并没有突出稳定和靠谱，所以这只会让他感到不安。你不能拿自己的利益链当尺子，去衡量对方。你应该用对方的利益链引导他来靠近你。"朋友 A 听完后恍然大悟。后来他找了中间人从中斡旋，又拿出资质强调了新项目的安全性和稳定性，最终把项目谈成了。

再如，我认识一个"富二代"，以前非常瞧不上他父亲苦行僧般的工作方式，说他父亲就是一台没有感情的工作机器，他可不想过那样的生活。后来他父亲突发重病，"富二代"被迫接班，企业经营一段时间之后，我发现他工作起来比他父亲还拼命，他说他一下子就理解父亲了，觉得父亲挺伟大的。

从不理解到理解，从不认同到认同，是因为背后的经济链条发生了巨大的转换。而在经济链条转换之后呈现出来的人性，才是最真实的。如果我们想真正看懂一个人，不是看他说了什么，而是看他做了什么；在看他做了什么的同时，更要看懂他背后的经济链条是什么。

三、 每个人都无法逃离社会属性对他的深刻影响

人的社会属性包含两层含义。

第一层含义是实践。简单来说就是人需要在社会实践活动中完成自身的改造和进阶。人就像沙子，社会实践就像蚌，你愿不愿在蚌里面被磨、愿意被磨多久，决定了你是否有机会成为珍珠。生命，不是生而光彩，而是在磨砺之中变得光彩。

我有位朋友，以前穷的时候，一身"屌丝"气质，后来到广州做红

酒和汽车生意，遇到了贵人，没几年时间就赚了几千万元。有一次我去广州出差，跟他见了个面，他已然脱胎换骨，言谈举止中都透着贵气和自信。不得不说，事业上的成功，可以让一个人不断变得高级。这主要有两方面原因：一方面，钱是人的胆，可以赋予人底气；另一方面，持续的成功可以让人获得强大的自信。而底气和自信为一个人不断走向高级提供了动力。所以，不要轻易去定义一个人，而要看他是不是愿意去成事，以及能否在成事之中变得高级。

第二层含义是场景和角色。简单来说就是每个人在不同场景和角色之下会呈现出不同的人性，做出不同的选择。

先来看一个问题：你认为人们把垃圾丢在地上的原因是什么？

这里有三个选项：A.素质太低；B.地球的万有引力大；C.垃圾箱的魅力不够。

你会选择哪个答案？

你的直觉可能是，B选项和C选项都不可能，当然是选择A选项。

但是，英国有一个组织却偏偏选择了C选项——垃圾箱的魅力不够。他们的理由很简单：如果你选择A选项，那么要解决这个问题，就需要改变千千万万个人，这个难度太大了；如果选择C选项，就只需要改变为数不多的垃圾箱，这是一件非常容易着手去做的事。

最终你会发现，在这个选择之下，会出现以下三种角色。

第一种角色是袖手旁观的评论家。他们会选择A选项，认为造成这个问题的原因都是别人的错。

第二种角色是直接"躺平"的"甩手党"。他们会选择B选项，认为存在即合理，一切都是客观规律。

第三种角色是行动派。他们是那些想要做事的人，追求的是找到一个可以改善的方向，然后积极地去改变这个世界。因此，他们会选择 C 选项。

角色即人格。角色不同，选择就不同；选择不同，行动自然也就不同。所以，我们要想真正读懂一个人，就要看懂这个人在特定场景下扮演的角色。

大圣点拨

文化属性、经济属性和社会属性，是读懂人性的"人性三角"。

文化属性，决定了一个人在"无意识"或者"非理性"之中被文化母体主宰的程度。

经济属性，决定了一个人在"有意识"或者"理性"之中被经济链条控制的程度。

社会属性，决定了一个人在"无意识"和"有意识"之中被社会实践改造的程度，以及在特定场景下扮演的角色。

交易思维：
一次性讲透商业本质

社会为什么需要企业，没有企业行不行？答案是，不行。在一些人的认知里，中间商就是空手套白狼，什么也没做，转手就能赚高差价，简直是"万恶的中间商"。例如，一瓶酒售价300元，成本50元。厂商除去广告费、运输费、包装费等各种费用，最多也就赚50元。而中间商只管卖，就能赚150元。也就是说，人们花了300元，买了一瓶成本只有50元的酒。这是不是很冤？可如果没有中间商赚差价，那么买这瓶酒花的钱只会更多。

我们来算一笔账：如果陕西人想买产地在贵州的酒，若没有中间商，他们就得自己去买。车费、食宿费等加起来，怎么也得几千元。由此可见，中间商存在的价值是降低了客户的交易成本。

有家二手车公司，为了快速打开市场，喊的口号是"没有中间商赚差价"。可没过多久，这家公司就成为二手车商最大的供货商，帮着二手车商赚差价。

其实，不管是中间商、生产商还是零售商，核心价值只有一个，那就是想尽一切办法降低交易成本。一方面，是外部客户的交易成本；另一方面，是企业内部的交易成本。公司倒闭只有一个原因：内部交易成本大过了外部交易成本，导致入不敷出。所以，做生意，核心是解决两个问题。第一，降低内部交易成本，实现降本增效；第二，降低外部交易成本，实现高效开源。

 一、降低内部交易成本

降低内部交易成本，有两个关键点：一个是反熵增；另一个是自运营。

01 反熵增

先解释一下什么是熵增。大家住新房都会有一种感觉，刚住进去的时候东西少，家里井然有序。时间稍微一长，就乱糟糟的，不管怎么收拾，也没办法像刚搬进来时那样整齐。企业经营也是一样，刚开始创业时，人少，思想也简单，一门心思只想把事业做好。慢慢做大了，人多了，心也杂了，就算每天同频沟通，也很难像刚开始创业时那样充满冲劲。所以，很多企业做大了以后就会得"大企业病"。而小企业，即使没长大也会变"老"，照样得"大企业病"。这个过程就叫熵增。

熵增是热力学第二定律，核心观点是任何组织都会从有序走向无序，而且不可逆，只能通过耗散结构和开放组织来反熵增。国内反熵增做得非常成功的有华为和比亚迪。任正非提出"以奋斗者为本"，就是为了提高公司内部的耗散功率，保持活力；而比亚迪则打破了组织边界，彻底开放了组织。

2010年，比亚迪到了生死存亡的时刻。这一年，员工从之前的9万人暴增到18万人，但人效不增反降，股价一年半内下跌严重。经销商也跟着大规模退网，市场上到处是消费者的投诉。问题出在哪儿？恰恰出在帮助王传福成为中国首富的垂直整合模式，也就是所有的零部件自产自销。当时，比亚迪旗下的配套厂有几百家，除了玻璃和轮胎没有自产，其他几乎完全自产。这套模式并不是王传福的首创，早在20世纪20年代，福特在底特律的工厂，零部件全部自产自销，平均造车的时间大大缩短，价格也下降了不少，福特也因此成了"汽车大王"。

另外，王传福做垂直整合，还有一个客观原因。当时国内汽车的关键零部件被外国巨头垄断，价格贵得离谱。只有自主生产，才能打破垄断，降低造车价格。例如，最早比亚迪想从德国博世直接采购刹车系统，对方报价2000元一套。比亚迪自产成功后，拿着做出来的产品再去找博世，对方立刻将报价下调至800元一套。比亚迪的神车F3和F6，就是靠着垂直整合，做到了同等规格下，价格只有丰田皇冠和凯美瑞的一半，F3也因此成了最快突破10万辆销售大关的国产车。

可熵增的魔咒也跟着来了。垂直整合最大的问题就是发展速度和熵增速度一样快。比亚迪因为自产自销，没有了市场竞争的约束，腐败和质量问题就出现了。零部件厂的厂长不再关心工艺质量，而是把精力用在了公关和工程院上。如果再不调整，比亚迪就无法继续走下去，这才有了为期数年的两次大整改。

第一次是2012年，推行"事业部公司化"，把没有竞争力的业务关掉，并开始采购关键设备。可是，经过了三年的调整，在2015年，汽车销量反而减少了，员工人数却涨到近20万。很显然，第一次整改并不成功，改得不痛不痒，没有解决问题。

所以，2016年王传福痛下决心，决定砸掉"大锅饭"。核心三招：引进"鲇鱼"、瘦身放权、分拆独立。王传福要求旗下的事业部，摸排外部供应链资源，然后和内部对比，优于内部的就从外部采购，内部太差的就直接关掉。但因为动了太多人的"蛋糕"，执行过程中遇到了很多阻力。于是王传福便亲自推行，先关掉了座椅厂，接着直接制定了外配标准，如纯电动车要求必须外配50%。大量外部供应商开始进入，王传福便顺手削减了事业部编制，又和外部有实力的配件厂合资建厂，主动出让零配件利润。到了2020年，合资的零部件公司已经形成了"弗迪系"产业链，比亚迪也迎来了浴火重生，2021年营收2161亿元，净利润30亿元。

给企业做咨询这么多年，我发现越大越老的公司越难调整，越新越小的公司越容易调整。有些小公司的老板甚至说："我们公司除了我不能换，其他人随便换，一切为了最终的目标。"大公司人、事复杂，历史问题太多，要想重生，就必须像王传福那样，壮士断腕，否则根本执行不下去。

02 自运营

说完反熵增，再说说自运营。什么是企业自运营系统？举个例子来说明。

以前的交警系统是人在管理，给了司机违章开车时钻空子的机会。后来，交警系统升级，监控和系统联网，违章自动处理，大家慢慢也养成了文明驾车的习惯。以至于后来的"车让人"政策也能顺利地推行下去。说到底，不是大家素质高了，而是交警系统厉害。

企业也是一样，管理必然有成本，没有内部交易成本的公司，就像没有摩擦力的世界一样奇怪。企业要降低管理成本，最好的办法不是人盯人，而是员工自运营。

海尔的创业模式就是典型的自运营。海尔从砸冰箱到"砸"组织，再到直接"砸"掉了传统的金字塔型层级架构，公司只剩下三类人：平台主、小微主和创客。

平台主负责建立平台，为小微主提供创业资源支持。小微主是独立经营的个体老大，由创客推举，不称职的直接淘汰。创客就是海尔员工或者外围优秀的创业者。这相当于张瑞敏把原来的大海尔拆解成了一个个小海尔。小海尔长大需要的资金和资源，由大海尔提供，相应地，大海尔也会占一定的股权并负责监督管理。如小微主阿勇，计划做一款针对"80 后"和"90 后"的均冷冰箱，于是制定了一个目标。但海尔审查后，又重新定下了纵、横两个目标。横向还是原来的 KPI，但要求实现平台交易额同比增长 10 倍；纵向是必须发展线下客户一万家。如果阿勇分阶段完成目标，平台就会提供各种支持；如果没完成，双方就终止合作。张瑞敏直接把坐在办公室吹空调的员工，推向了水深火热的创业市场。

海尔没有雇佣关系，所有人都采取合伙制，有能力的喝酒吃肉，没能力的出局。到了 2017 年，海尔平台有 2000 多个小微主，估值过亿的就有几十家，海尔集团年营收 2419 亿元，同比增长了 20%。海尔累计裁员约 2.9 万人，差不多是总人数的一半，这里面大多数是工作效率低的中层管理者。

在降低内部交易成本上，不管是比亚迪还是海尔，用的方法虽然不同，但最终的目的都是把舒适区的老员工推出去，要么淘汰，要么重新激活，以加速公司的新陈代谢。用残酷的市场竞争，刺激组织自我运转，让所有人都动起来。

降低外部交易成本

解决了内部效率低的问题，接下来还要降低外部交易成本。核心有三点，分别是降低认知转化成本、降低信任成本和降低信息搜索成本。

01 降低认知转化成本

做产品，不论真实价值是多少，一定要让客户感觉很有价值。而360的路由器就犯了这个大忌，严重影响了客户的认知转化。

360曾经卖过一款成本为220元的路由器，消费者却觉得比售价几十块的还廉价。

首先，路由器好不好，信号是第一位，怎么证明信号好呢？看天线多少。这个不一定对，但消费者是这样认为的，它就是对的。所以，当时中关村卖的路由器恨不得插满了天线，可360的路由器一根天线也没有，消费者的第一反应是，这东西有信号吗？

其次，360的路由器做得太精致了，拿到手没有分量。其他路由器要个头有个头，要重量有重量，360的太单薄，看起来很廉价。

后来，360模仿苹果，做了一款铝合金双天线版本的，看上去很有分量，可定价只要89元，上市以后卖得很好。

从此案例中我们可以发现，降低客户的认知转化成本，核心是不要违背客户的固有认知，而是要顺应客户的固有认知。

02 降低信任成本

对于生意人来说，诚信是最为重要的。李嘉诚就把诚信作为他成功的秘诀。他曾说："做生意要以诚待人，不要投机取巧。对客户许诺的事，无论遇到什么困难，都要千方百计地履行承诺。赢得客户的信赖，比什么都重要。"

《史记》中记载了这样一个故事：商鞅在秦国推行变法，为了打破老百姓和当权者之间不信任的这条鸿沟，他下达了一道命令。在都城的南门外立了一根三丈长的木头，谁能把这根木头抬到北门，可赏十镒黄金。老百姓都觉得这是在说笑，没有人去抬木头。于是商鞅把赏金提高到了五十镒黄金，终于有一个人抱着试试看的心态，把木头抬到了北门。商鞅果然赏了他五十镒黄金。商鞅以区区五十镒黄金就赢得了百姓的信任，使得变法在秦国得以顺利推行。

由此可见，降低信任成本最好的办法就是，先伸出手，让客户感受到真诚和价值，最后成人达己。

03 降低信息搜索成本

我们都有这样的体验：到超市购物时，同一种商品有多种品牌、规格、款式等可供选择，往往让我们挑花了眼，不知道怎么选。而美国的开市客很好地解决了这一问题。

开市客最大的对手是沃尔玛。沃尔玛有14万个SKU（最小存货单位），而开市客只有约3700个单品。对于大型超市来说，谁的产品多，谁就能吸引更多的客户。可实际情况却是，开市客的坪效是沃尔玛的两倍左右，运营成本却只有沃尔玛的一半左右。为什么会这样？在开市客看来，东西多并不是好事。一方面，SKU越多，客户的选择时间就越长，效率也就越低，还很容易买到不满意的；另一方面，对于超市来说，SKU越多，意味着供应链管理难度越大，单品的成本越高，售价也会越高。所以，开市客的策略很简单，即低价、精选和低成本，尽量降低客户的选择成本。开市客规定所有单品的平均利润不超过11%。促销也不能做，因为做促销会增加客户的选择成本，客户本来不打算买的东西，结果却因图便宜买了一大堆，买回家就后悔。

利润低了，量就必须大，商品就必须精挑细选。2021年，开市客的Kirkland年销售额超过了590亿美元，超越了年销售额387亿美元的可口可乐，成为全球销售额最高的单一品牌。

客户进了开市客，根本不需要纠结买什么，更不用担心买贵了。

另外，开市客作为平民超市，主要的盈利点是收会员费。一方面，说明了开市客选品的成功，就算交了会员费，客户也觉得划算；另一方面，说明客户对搜索信息这件事很头疼，宁愿交钱也不想去东西更多又不要会员费的沃尔玛。

认知转化成本、信任成本、信息搜索成本是外部交易的三大成本，重点是成人达己，不要用自己的固有认知去设计营销套路，而是要先伸出手让客户感受到价值，然后想尽一切办法比同行更让客户省心，最后就一定能盈利。

大圣点拨

企业经营的本质是想尽一切办法降低交易成本，怎么降低交易成本呢？有外部和内部两个方向。

（1）降低内部交易成本

降低内部交易成本有反熵增和自运营两个核心点。

① 反熵增。重点是开放组织，降本增效。

② 自运营。要么像交警系统一样，建立一套自运营的系统；要么像海尔一样，直接分解成一个个小海尔，员工变老板，自己管自己。

（2）降低外部交易成本

降低外部交易成本有三个核心点，分别是降低认知转化成本、降低信任成本和降低信息搜索成本。

① 降低认知转化成本。重点是不要违背客户的固有认知，要学会顺应客户的固有认知，放大产品价值。

② 降低信任成本。关键是成人达己，先拿出诚意，让客户感受到价值，成交自然就会发生。

③ 降低信息搜索成本。少即是多，精选比量大更有用，替客户省事。

CHAPTER

第3章

修法：建立核心认知

建立盈利的核心认知

　　盈利的第三个节点是修法。身为企业的操盘手，一定要建立正确的核心认知，这样才能在关键时刻不迷路。建立核心认知，要掌握生态、战略、博弈三大思维。生态思维是身体，它可以解决企业如何长期健康发展的问题；战略思维是做生意的大脑；博弈思维是战略落地的腿，它主要用来解决如何快速打开局面，以及如何让战略落地的问题。三大思维串起来，就是一套从自身到战略想法，再到战略落地的完整闭环。

生态思维：

找到属于自己的
赚钱生态位

之前和一个投资人聊天，问他会投什么样的公司。本以为他会说投项目有潜力、创始人有资源、创业团队有履历的公司，没想到他说他最喜欢投的公司，是那种创始人天天在外面玩，公司业绩还能嗖嗖往上涨的公司。如果对方告诉他，自己的核心竞争力是勤奋，那么他大概率是不会投的。

因为对于企业，大家都是压上了身家性命，谁不努力？而且成功者不仅有勇气、能力，更重要的还是眼光独到，占据了好的生态位。如何找到好的生态位，并且能在生态位上长期健康地活下去呢？主要看三件事。

一、 看产业链

看不懂产业链底层逻辑的人，最后输都不知道输在了哪儿。

在神州租车创立之前，租车行业全是一帮"小虾米"，赚钱的套路都差不多。就是先买一辆车，然后分拆给不同的人、不同时间使用，赚些使用费。属于标准的重资产、长回报行业，这种模式很难做大。从表面上看，神州租车和同行的玩法一样。而且，神州很多车是新车，折旧比二手车更狠，用一年就会打个七八折，还没有同行有优势。

但如果把目光拉升到整个汽车产业链，则会发现神州租车的模式完全是降维打击。二手车的上游是各大车企，车企不是每款车型都卖得好，每家难免会有些积压款。如果降价促销，则容易冲击热销款的价格体系；但不打折的话又卖不动，压在库房继续贬值，也不划算。这时，神州租车跳出来说，你给我便宜点，我买你的积压款。车企能不开心吗？于是，神州租车借用金融杠杆，低首付、近六折买进新车。一方面，帮车企解决了库存和现金流的问题；另一方面，用新车出租，也比同行的旧车更有优势。所以，神州租车和车企是双赢。最关键的是，新车出租两三年，然后转手卖出去，可以赚一两年的租金。哪怕是减去买车的贷款利息，剩下的利润也比同行买二手车租赁高得多。

由此可见，神州租车能一家独大，本质上是站在整个产业链的视角，跳出了产业做企业，跨界整合资源，打败了同行的单一经营。

我有个客户张总，在一个小县城做建材生意，零售板材和零件。刚开始做的时候，张总因为量小，先就近从市级代理那里拿货；后来，进货量越来越大，他便到省级代理那里拿货；最后干脆自己找上游工厂合作，省去了中间商的差价。再后来，当年合作的批发商日子越来越难过，反倒是像张总这样的零售商，生意越做越稳。

但在十几年前，批发商比零售商红火多了，只要有货，就不愁销路。而零售商不但要成天应对终端客户的各种问题，而且赚得少。所以，张总考虑转型做批发商。可仔细分析以后，还是放弃了。他的逻辑是，做生意要想走得远，就必须有自己的硬功夫，要让别人离了你活不了。对于厂商来说，生产工艺是他的硬功夫；零售商的硬功夫是客户资源和销售能力；批发商有什么？批发商主要替厂商垫资。所以，批发商受的是"夹板气"，厂商在上游逼货款；对于下游的零售商，如果不赊账、不返点，就不买货。尤其是行情差的时候，优秀的零售商就是"财神爷"，市场上的东西都差不多，凭什么非得到你家批发，还不是因为你给的价格更便宜，赊销规则更宽松？！

张总说，他们那边大的批发商，看起来一年的营业额有几亿元，但账面全是负的，大量欠款要不回来。这些人早就不想做了，可不做还不行，不做账就彻底要不回来了，真是骑虎难下。所以，像板材这种品牌弱、纯销售驱动型行业，相对于批发商，零售商是更好的生态位。

在产业链中选择好的生态位，要先跳出来，俯视整个产业链，清楚内在的底层逻辑。之后，要么大开大合，打通整个产业链，对同行实施降维打击；要么选择高价值、有话语权的产业切进去，哪怕走得慢一些，只要方向对了，就不怕路远。

 看价值链

在产业链上找到了自己的生态位后，要想走得远，还需要持续产生价值。这里面有两个问题：一是什么是好的价值；二是如何长期产生价值。先说好的价值，好的价值就是符合自己价值链的价值。

麦德龙和沃尔玛是全球两大零售巨头，麦德龙的大本营在欧洲，沃尔玛的大本营在美国。一山不容二虎，在美国称霸的沃尔玛想占据欧洲市场，可耗资约10亿美元，最后惨淡离场。失败的原因很简单，因为沃尔玛太落后了。就拿麦德龙的收款系统来说，整个过程不需要收银员，客户自己拿着东西，扫过条形码，放到称重机上，会自动算出金额，有会员卡和折扣券的直接减扣。而且后台的信息和前台的收银直接连通，后台数据会随着前台的销售实时更新。如果低于标准库存，会自动向总仓发出警报，提醒补货。而沃尔玛仍然是原始的人工操作，不仅效率低，还很容易出错，所以输得并不冤枉。

可问题是，沃尔玛那么有钱，为什么不用更先进的系统呢？而麦德龙这么先进，又为什么不能占据美国市场呢？核心原因就是各自的价值链不同。欧洲什么最贵？人力成本。一个普通水电工的工资，比国内软件工程师都高。而且欧洲不能轻易解雇员工，这就逼着企业想尽一切办法降低人力成本。而美国有大量的拉美、亚非移民，劳动力相对便宜，既然有便宜的劳动力可以用，为什么要在设备上花钱呢？

另外，沃尔玛约有 230 万员工，背后就是 230 万左右个家庭的潜在消费者，一个家庭又有一大堆亲戚，加起来的市场非常庞大，员工谁不喜欢买自己公司的东西？这相当于沃尔玛每招一个员工，就是给自己培养一群新客户。反过来，如果用上了系统，将员工砍掉一大半，成本确实降了，但营业额也会跟着降，得不偿失。而不用系统，则全是好处。首先，客户有了，赢得了新移民的民心；其次，帮助政府解决了几百万人的就业问题，可以享受各种税收、贷款等优惠政策。

国情不一样，决定了沃尔玛和麦德龙拥有不一样的价值链。所以，表面上两家是成本和效率的竞争，其实背后是各自价值链利益的竞争。大家只是在各自的立场上，选择了最优解。什么是好的价值？答案是符合价值链的价值。

那么，如何才能产生长期价值呢？核心是本分。我在服务企业的过程中发现，厂商总是想做品牌，而零售商又特别喜欢介入生产，觉得在整个价值链上做得越多，赚的钱也就越多。

但事实上并不是贡献价值的环节越多，价值就越大，宽度和深度是两码事。每个企业的核心竞争力不一样，一味地拉长价值链，只会拖垮原有的核心竞争力。

拿鞋业来说。有一个女鞋品牌，店面曾经遍地开花，现在却很少见了。为什么呢？因为它们把价值链拉得太长，把自己耗"死"了。这个品牌最开始只做终端门店，但店多了以后，觉得自己的订单足够支撑一家公司，因此慢慢地就开起了工厂。批量生产是有周期的，所以这个品牌是订单制，先订货后生产。以前人们的审美水平比较低，订单制生产出来的鞋子虽然款式跟不上潮流，但影响也不大。

可现在，人们的生活富裕了，审美水平也提升了，喜欢买时尚款。可这些有工厂的品牌，一般订单周期在三个月到半年，没办法追赶时尚。结果，款式越卖越旧，当然拼不过时尚度较高的新品牌。那么，这些新品牌为什么时尚度高呢？恰恰是因为自己不生产，它们只挑当季款式比较好的去厂商那里组货，再贴上自己的标签。虽然成本高一些，但是零售追求的是高周转率，只要转得快，利润就不会低。

由此可见，要想在价值链上长期健康地活下去，核心就是认清自己，基于价值链做创新，同时守着自己的本分。品牌商只管销售，生产商只琢磨产品，尽量不要跨越价值链。

三、 看核心竞争力

知道了自己的价值链，认清了自己的角色定位，最后就是打造自己的核心竞争力，重点是想清楚三个问题。第一，客户是谁；第二，客户的具体需求是什么；第三，如何满足客户。这三个问题听起来好像很简单，可做起来并不容易。

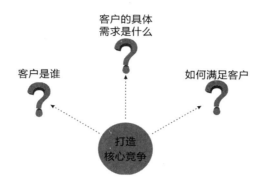

以风靡全球的 **ZARA** 为例，它为了聚焦核心竞争力，颠覆了整个行业，独创了快时尚模式。

ZARA 的客户是谁？都市小白领。

客户的需求是什么？穿得漂亮、时尚。

如何满足呢？我们先梳理一下服装行业的价值链，有卖场档次、设计师款式、店面装修、名人代言、广告宣传、面料质量、做工、品类等。看起来好像每个环节都很重要，但如果都做，又好像什么都做不好。所以，第一件事就是先做减法。**ZARA** 先是直接减掉了服装行业惯用的名人代言和广告投入，接下来又减掉了面料质量和做工。既然减了，那在什么地方加呢？**ZARA** 把钱花在了卖场上，选的地方全是非常好的商场，旁边都是世界大牌，让客户感觉 **ZARA** 很有档次。想买名牌，价格太贵，现在有一家开在世界大牌旁边，看起来也挺上档次的店，而且价格只有它们的十分之一，这正好满足了白领们的需求。

同时，**ZARA** 把品类丰富度翻了几番，保证不出现重复款式。对于白领们来说，买衣服图的就是新鲜、好看。很多女性的衣服穿一季就不穿了，相对于高质量，她们更在乎穿着好看。所以 ZARA 减掉了面料和做工，把钱花在了款式和品类上。

打造核心竞争力的关键是聚焦。要想聚焦，就必须先从价值链上舍弃不是主要矛盾的价值，然后集中到客户的主要需求上，通过价值重塑，形成核心竞争力。

大圣点拨

企业要想走得长远，核心是找到好的生态位。而要找到好的生态位，就需要考虑以下三点。

（1）产业链

跳出产业看行业，看清楚产业链的底层逻辑才能找到好的生态位。同时，站在未来看现在，聚焦到有价值的行业上，才能走得远。

（2）价值链

首先，重点是看清自己，清楚自己的本分，要深度，不要宽度；其次，创新一定要基于价值链，否则很容易南辕北辙，打破价值链的平衡。

（3）核心竞争力

想清楚三件事：客户是谁？客户的具体需求是什么？如何满足客户？剩下的事就是基于价值链，对企业进行价值重塑，把精力聚焦到解决客户的主要需求上，去掉多余的投入。

· 第 8 讲 ·

战略思维：

你有什么？你要什么？
你放弃什么？

一说到战略，很多人就会头疼。要么觉得战略没用，因为计划赶不上变化；要么仔细琢磨了，却实在弄不明白，只好放弃。

其实战略很重要，它能解决公司该往哪个方向努力，以及如何努力的问题。好比做生意和上班最大的区别是，上班只要努力工作，通常就会升职加薪；做生意，如果努力的方向错了，则越努力赔得越多。掌握了战略思维，努力的方向就不会错。

战略思维有三大核心，分别是顺势而为，找到万仞之上推千钧之石的好机会；所有的事情都围绕一件事；通盘无妙手。接下来我们将分别讲解战略思维的三大核心。

 顺势而为，找到万仞之上推千钧之石的好机会

做生意有三种情况。第一种是行业走下坡路，费力不赚钱；第二种是行业到了平稳期，虽然费力但能赚钱；第三种是风口期，稍微使点力就能赚钱。谁都想在风口里"躺"赚，可最终你会发现，很多人要么总是错过风口，要么明明知道是风口，可就是把握不住。

那么，如何识别出真正属于你的风口和机会呢？你需要熟练运用"三因"法则。什么是"三因"法则？就是因地、因时、因人制宜。下面来分别讲一讲。

01 因地

全国那么多地方，为什么偏偏广东省佛山市顺德区能成为"中国家电之都"？我们熟悉的美的、万家乐、格兰仕、科龙，全挤在那里，甚至连碧桂园、顺丰这样的知名品牌，也都是从顺德走出来的。

原因就是顺德有着得天独厚的地理位置和资源关系网。首先，顺德离香港很近，两小时左右的车程。香港当年是亚洲地区的经济中心，很多先进的技术和商机都汇集在那里。谁离得近，谁的消息就灵通。其次，顺德人自古就有经商的习惯。改革开放前，全县在外经商的华侨就占了一半左右。其中比较有名的，就有香港富豪榜上的李兆基和郑裕彤。所以，国家一宣布改革开放，顺德人的侨胞资源和地理优势，立马就被激活了。侨胞出资拉订单，顺德人找地方、找人干活。仅香港蚬壳电器翁祐一个人，就先后投资两亿美元，在顺德合资办微波炉厂。后来的美的、格兰仕，或多或少都受到了港商的影响。

因地，除了顺德这种特殊的资源关系网和地理位置，还包括自然资源，如山西的煤矿；产业链资源，如各地的产业带；企业生态圈，如硅谷、杭州电商等。

一方水土养一方人，做生意也一样。战略的背后是环境，什么地方种什么树，需要因地制宜。当环境和业务模式不匹配的时候，就需要换个地方发展，毕竟"人挪活，树挪死"。

02 因时

我有个朋友是开箱包厂的。2021年他觉得直播是风口，于是整合了箱包、农副产品、鞋服的产地资源，做起了直播供应链，专门给各大主播供货。

其中，一根纯正的人参，有包装、有卖相，怎么看也值个百八十元的。但是，他给主播的供货价只要八角钱，没想到主播还嫌贵。后来他才知道，之前有人卖过一款产品叫人参香皂。香皂是透明的，里面有根真人参，五盒九块九包邮。我朋友随后就把生产人参的基地给关了，这生意没法做了。要是在五年前，直播刚开始的时候，八角钱的人参，哪怕做成赠品，开场引流也行得通。可现在，直播供应链泛滥，主播什么稀奇古怪的东西都见过。厂家为了跟主播合作，给的都不是出厂价，而是亏损价。

当年丰田在义乌建厂，需要包装用的纸板。义乌那边的村民听到消息，连夜开起了包装厂。很多人都抓住了机会，成了千万富翁。换到现在，一般的公司连丰田的供应链名单都进不去。

做任何生意都要看时机，时机不对，努力白费；时机对了，赚钱就跟呼吸一样简单。

因人

同样是做抖音，同一种类型的博主，风格可能完全不一样。我当时决定做抖音时，琢磨了很久内容定位。后来决定自己擅长什么就讲什么。我是做咨询的，当时深度服务过几十位企业老板。有老板开玩笑说，他把不敢跟媳妇说的心里话，都跟我说了。在了解老板和生意方面，普通的知识类账号比不过我。而且，我在微博、公众号时代，就经常写出爆款文章，对内容的理解，也比一般人深刻。所以，我的定位很清晰，就是做一个既懂生意又懂内容的商业类账号。

战略是基于个人长板的，现在商业已经高度分工，没有人在意你的短板是什么，你也很容易找到补齐短板的公司。例如，不懂设计，可以找设计公司；不懂生产，可以找代工厂；不懂销售，可以找分销团队。但是，别人和你合作，你必须有远超同行的长板，做到人无我有，人有我优。如果没有长板，公司连存活都是问题。

因地、因时、因人地顺势而为，归根结底，需要老板先认清自己，找到公司的长板；然后，认清环境，等待恰当的时机切进去，整合区域资源；最后，把长板变成企业优势，取得战略成功。

 所有的事情都围绕一件事

人的精力是有限的，同时做几件事，大概率都做不好。郭靖最早跟江南七怪学武，七个人各教各的，郭靖总是学不好，搞得七怪还以为郭靖天资愚笨。到了中原后，郭靖专精一门，找到了练武的感觉，许多武功，一点就通，一学就会。

西贝莜面村有句口号："闭着眼睛点，道道都好吃。"有的公司觉得这句话说得挺好，就拿回去改成了："闭上眼睛点，每道都经典。"可不管别人怎么模仿，西贝莜面村永远是西贝莜面村。因为抄的人，压根儿没搞清楚西贝莜面村说这句话背后的战略思维，而只是单纯地把它当成了一句口号。

公司是人组成的，人多了，心就容易杂。如果没有统一方向，各有各的想法，队伍就没法带了。西贝莜面村的这句口号，其实就是把公司内外拧成了一股绳。

先是对内，让所有人都有清晰的努力方向。为了实现"闭着眼睛点，道道都好吃"，在产品上先得下功夫。贾国龙直接把原来精心研发的100多道菜改成了33道，保证每道的质量都能始终如一。另外，还专门设计了红冰箱，不好吃的放到红冰箱，随时抽查，什么时候整改好了再销售。接下来，薪资和人力也要跟上。西贝莜面村主打莜面，做起来非常费力。之前给的工资低，招的员工年纪大，不仅沟通费力，而且干活总出错。现在为了实现"道道都好吃"的目标，贾国龙高薪招聘年轻姑娘做莜面，而且花大力气培训，以保证口感和卖相的稳定。这些年轻的"莜面姑娘"，也成了西贝莜面村独特的风景线。剩下的部分，如员工的晋升、绩效考核、过程管控，全围绕这句口号来，每个月定期大练兵，不做别的，就是比拼菜品口味。

对外宣传方面，西贝莜面村每年都会举办亲嘴打折节和儿童节，反复强化"I Love 莜"的品牌形象。而活动的主推菜品，永远是一道菜，比如，西贝牛大骨就连续推了好几年。为了推广牛大骨，店内的活动、店面广告、店内堆头展位等，全部围绕它来做宣传。最终，通过牛大骨这一道菜，让客户感受到西贝莜面村"闭着眼睛点，道道都好吃"的品牌理念。

这就是，内部运营一件事，外部营销一件事，内外都是一件事。所有的人和资源，利出一孔，单点击穿客户心智和组织效率。好的战略不是珍珠，而是一串珍珠项链，只有把执行过程中的每个环节用一根线穿起来，才能发挥珍珠最大的价值。

三、 通盘无妙手

公司跟公司竞争，短时间内会有运气成分，但时间一长，拼的一定是基本盘。如何打造自己的基本盘呢？虽然每家公司的业务不一样，但底层逻辑都差不多，离不开两样东西：人才体系以及培养人才的方法论。

就拿直播行业来说，很多人觉得公司行不行，全靠能不能找到好的主播。如果你也是这么想的，那我劝你最好离直播远点儿，免得亏得很惨。成熟的直播公司都有一套选人和培养人的方法论，以保证公司不依赖任何一个主播。在他们看来，"神级"主播确实拼天赋，但专业主播主要靠练，而一个合格的主播是能教出来的。而且，培养一个合格的主播只需要五天时间。什么也不用做，先把五十个竞品账号挨个看一遍。等到快下班时，培训主管会问新人记住了几个账号，对哪些场景印象深刻，觉得哪个主播好、好在哪里。问题看似随意，其实有两个目的。一是看新人的灵性，二是给新人提个醒，要养成学习的习惯。

直播和传统行业不一样，直播的变化速度太快了，所有人的能力都是暂时的，学习力才是第一能力。所以，培训只教一件事，那就是拆解同行直播间，包括别人卖什么东西，如何卖，用什么方法留人。当然，一天的拆解也学不到什么，还是那个目的——学习力是第一位的。新人可以不成交，但不可以不成长。到了第三天，便要开始拆解话术，一般会准备两份话术。一份直接分成讲款话术、活动话术、逼单话术。另一份是正常话术，让新人拆解成讲款话术、活动话术、逼单话术。走完这一步，新人对直播已经有了大致的概念，当天就可以模拟上播，再在直播的过程中反复修改话术。这时要求新手主播看品自己写话术，一分钟一个款，练到嘴皮子顺溜，不怵镜头。之后用备用账号上播，在实战中练习肢体表达、规避违禁词、练习留人技巧等。五天结束后，话说不利索的，直接淘汰；有潜质的留下来，重复以上工作，每天播 10 个小时以上，每天复盘。不出两个星期，新手主播基本上就能自己播了。

不要相信新人一天卖几千万元的神话，真实的直播公司，都是非常枯燥的，每项工作都有标准的流程，不求一天卖上千万元，但必须稳定有十万元。在这个基础上，小爆单是一定会有的，大爆单不强求。正规军追求的就是稳定的基本盘，只有"亡命之徒"才幻想一夜暴富。

大圣点拨

一个人的战略思维越强，就越能发掘和强化自己的长板，并且找到舒服的赚钱"姿势"。战略思维的核心包括以下三个。

（1）顺势而为，找到万仞之上推千钧之石的好机会

这需要因时、因地、因人，选择合适的方向去努力。

（2）所有的事情都围绕一件事

战略千条线，落地一根针。用一根线把整个执行过程穿起来，最后才是一串漂亮的珍珠项链。

（3）通盘无妙手

稳定的基本盘大于一切，而稳定的基本盘的背后是人才体系和培养人才的方法论。

博弈思维：

如何在竞争中不断打赢？

创业最难的就是起步阶段，虽然想法很多，但要么能力不够，要么资源不足，只能干着急。还有一种情况，比这两种情况更让人难受，那就是虽然团队干劲儿很足，可就是找不到破局的方法，没办法从市场上撕开一条口子，"杀"出一条"血"路来。

前面我们讲了生态思维和战略思维，相信你对照自己的现状，应该能找到一个比较好的创业赛道。接下来的核心问题就是，如何快速打开局面。因为不管多好的战略和想法，最终都要靠人去执行，而且速度必须快。日常的平淡，会消磨一个团队的斗志。所谓开单治百病，增长解千愁。好的团队是靠打胜仗练出来的，只有打胜仗，才能把团队从一个胜利引领向另一个更大的胜利。运用博弈思维，能够以小博大，找到支点快速撬动市场。那么，如何找到博弈的方向呢？我们可以从内部、同行和客户三个角度来寻找。

一、内部博弈

内部博弈，必须找到属于自己的"开鱼刀"。

说到荷兰，大家想到的标签可能会是"海上马车夫""东印度公司""全世界最早的资本主义国家"。总之，就两个字：有钱！但其实早期的荷兰也是穷得叮当响，那荷兰是如何赚到第一桶金的呢？

俗话说，靠山吃山，靠海吃海。荷兰是沿海国家，每年春末夏初，会有大量的鲱鱼游到荷兰北边。这种鱼个头很小，长只有一二十厘米，但味道非常鲜美，蛋白质和脂肪含量也高，所以价格不菲。另外，鲱鱼还特别喜欢成群结队，所以一网下去，就是一大堆。

按理说，荷兰靠抓鲱鱼就能发大财。可麻烦的是，那个时候没有冰箱，捞上来的鱼，要么立马卖到当地，要么用盐腌好卖到其他国家。荷兰国家小，鲱鱼只能出口。可鲱鱼个头小，处理起来非常麻烦。腌鱼的话，先要剪掉鱼头，然后去掉鱼肠、鱼肚，最后把盐塞进去。而腌鱼效率低，产量上不去，荷兰人也就赚不到钱了。后来，有个渔夫发明了一种小刀，一刀下去，就能把鱼头和内脏全切干净，腌鱼的产量一下子翻了几番。荷兰就靠着一把开鱼刀，赚到了第一桶金。

每个企业都有自己的"开鱼刀"。

阿芙精油最早在线下开店时，短时间内就开了几百家商场专柜，可业绩却上不去，总是在盈亏平衡点附近徘徊，使得创始人雕爷不敢轻易发展。后来，雕爷花时间观察了所有门店，发现有一家店的销售业绩是其他店的三倍，而且销售套路并不复杂。就是从批发市场买一些指甲盖大小的玻璃瓶，外面贴上彩陶贴片，免费送给路过的潜在客户。有的客户就会很好奇地问："这么好看的小空瓶是用来装什么的？"销售员就乘势解释："可以放精油啊。"然后，顺带介绍阿芙精油，比如治痘的茶树精油，让人心情舒畅的甜橙精油，改善睡眠的薰衣草精油。如果客户有兴趣，还可以送试用装。只要有了接触，客户愿意坐下来聊，送几滴精油当然满足不了客户的需求，所以大多数人会买两瓶回去试试。找到了阿芙精油的"开鱼刀"，雕爷立马组织人员将其梳理成标准作业程序，复制到每家店。第二个月，阿芙精油的业绩就涨了50%左右。

由此可见，初创企业在起步阶段，找到内部那把"开鱼刀"是核心的工作。它可能是老板的一个想法，可能是基层员工的一个小创意，甚至可能是从同行那里得到的启发。它能将业务快速撕开一条口子，让所有人看到希望，让公司生存下来。

二、同行博弈

同行博弈有两种博弈策略：补位竞争和错位竞争。我之前工作过的公司就是用补位竞争策略快速站稳脚跟的。

当时，公司老板和之前的几个同事出来创业，他们的老东家是行业头部，不管是团队、产品、影响力还是资源，完全碾压这家创业公司，而创业公司的业务又和老东家非常接近。几个人全是从一家公司出来的，创业当然从最熟悉的业务入手了。可这就有个问题，如果和老东家做一样的产品，定一样的价格，老客户凭什么选择一个初创公司？而新客户积累比较慢，创业公司短时间内无法盈利。几个人一商量，觉得必须换个赛道——"吃老东家不吃的饭"。

首先，他们分析了老东家的客户群，其客户主要是亿级企业的管理咨询和培训业务，客单价在20万～100万元。而千万级的客户，因老东家产品的价格太高，只能买培训课。但这些老板也是有咨询需求的，并且具备客单价10万～20万元的购买力。于是，几个人决定补位老东家的低端客户。

小企业和大企业遇到的问题不一样，千万级的公司，营销是第一位，只要把营销解决了，一切都不是问题。考虑到这点，他们便将产品做了调整，以迎合这类公司的需求，这样便解决了公司起步的存活问题。

补位竞争就是找到被同行忽略的低端客户，用低价策略快速补位收割。但是，公司只靠补位是不能发展壮大的。要想超越同行，还得用错位竞争策略。

我之前公司老板的老东家能成为行业龙头，主要原因在于和同行形成了错位。中国咨询行业有的专做咨询，有的专做培训。最开始时，做咨询的主要是以麦肯锡、IBM为代表的外企，收费起步几千万元。后来，中国本土咨询公司崛起，走的也是补位策略，用低价吸引了一批本土小公司。

咨询是个手艺活，人才复制非常难，所以公司规模通常不大，但市场的需求还很多。因此有人就提出了重培训轻咨询，打着咨询服务的旗号，给企业提供培训业务。虽然收费便宜，但是量大。这就形成了培训量大但收费低、咨询收费高但业务少的行业局面。

那么，能不能把这两种模式结合起来，和同行形成错位？当然能，那个老东家就是这么做的。它们主打产品是六天五夜的咨询方案班，现场做方案，只收几万元。以前听课最多听个热闹，现在听课现场就能做方案，做完回去就落地，比培训靠谱多了。这种模式和咨询相比也很有优势，几万元就算方案做得一般，团队听听课也行啊。所以，该服务项目在市场上一推出，立马就"爆"了。来听课的企业有学习能力强的，现场做出了方案，当然会觉得很值，夸这家公司的产品好。也有学习能力弱的，尤其是那些年纪大的"草根"创业者，大多学历低，做不出像样的方案。既然老师讲得这么好，学了六天，思路也有了，那么方案干脆交给老师做。这就很自然地卖出了后面的咨询产品，根据企业规模收费，在 20 万 ~ 100 万元。有些公司经过几年的咨询服务，做大了，老东家又助推它们上市，赚取资本的收益。

于是老东家就形成了和同行完全错位的商业模式，培训变成了引流产品，咨询成为筛选好项目的工具，最后在资本市场赚到了丰厚利润。

和同行博弈，起步阶段可以采用补位竞争策略，先活下来。但稍微做大之后，就必须找到一个好的切入点，和同行形成错位竞争，以打造自己的独特竞争力。

三、 客户博弈

客户博弈的重点是要聚焦单点，击穿客户心智。

云海肴是国内云南特色菜的代表品牌，全国有 100 多家直营店，是四个"80 后"大学毕业生合伙创立的。中国八大菜系中，并没有云南菜，最初他们是为了跟同行形成差异化。因为其他同行做的不是川菜就是粤菜，云南菜多新鲜啊，客户吃饭不都喜欢尝鲜吗？可店开起来以后他们才发现，新鲜是个"正负手"。好处是，确实有很多人来品尝，因为不清楚云南菜是什么，所以过来尝鲜。但弊端是，更多的人因为不清楚云南菜是什么，所以不愿意进店消费。摆在他们面前最大的难题就是，如何让客户对云南菜有概念。

思来想去，他们决定从产品入手，于是选了最能代表云南特色的汽锅鸡，作为店里的主打菜品。为什么选汽锅鸡呢？首先，云南汽锅鸡的典故多。大家最熟悉的就是，1972年尼克松访华，国宴上有汽锅鸡。尼克松吃完赞不绝口地说，味道太好了，他都想连整个汽锅吃下去。其次，汽锅鸡的做法也非常神奇。正常炖鸡，锅里肯定要加水，但汽锅鸡因为用的锅非常特殊，里面的水蒸气会反复循环，所以不需要加水也能熬出鸡汤。有故事，又有特点，汽锅鸡作为云南菜的代表，再合适不过了。

但云海肴觉得还不够，于是又在食材和锅上下功夫。食材选用云南特有的铁脚麻鸡，这种鸡产量低，而且在云海肴之前，没有形成集中化养殖，全是当地老百姓零星散养。所以，云海肴投入了大量资金在铁脚麻鸡的供应链上，保证客户吃到的鸡都是正宗云南铁脚麻鸡。这样虽然很麻烦，但做难事必有所得。铁脚麻鸡因为稀少，一旦被垄断，同行想抄都没有办法，这就解决了很多餐饮人头疼的抄品问题。另外，中餐最讲究器具，云海肴汽锅鸡的锅特意用国家非物质文化遗产云南建水紫陶定制。这样一来，云南特色立马就出来了。

最后，为了强化汽锅鸡的卖点，云海肴特意提炼了广告语："不加一滴水，蒸汽凝结而成。"

所有的店面统一宣传汽锅鸡，只为了给客户传达一个信息：云海肴的汽锅鸡，鸡汤就是鲜。通过这一个单品，击穿客户心智，让客户对云南菜形成食材地道、健康美味的印象。想喝口好鸡汤，吃口新鲜的好菜，客户一定会去云海肴。

击穿客户心智，就是先窄后宽，单点破局，培养"死忠粉"。传播学里有个"一万个忠粉理论"，即只要有一万个"忠粉"帮你宣传，任何产品都能卖"爆"。云海肴做的事情，就是击穿一万个喜欢健康食材的"吃货"，只要他们认可，就会自觉地宣传，店也就能火起来。

大圣点拨

博弈思维可以让公司快速破局，以小博大，核心有三招。

（1）内部博弈

找到属于自己的"开鱼刀"，快速打开局面，因为只有胜利才会引领团队走向更大的胜利。

（2）同行博弈

先用补位竞争策略快速站稳脚跟，再用错位竞争策略从一个小切口切进去，形成错位优势，最终形成自己的竞争壁垒。

（3）客户博弈

重点是集中优势"兵力"在一个点上，单点击穿客户心智，培养自己的"死忠粉"，从而撬动更大的市场。

CHAPTER

| 第 4 章 |

优术：寻找盈利模式

通过创新模式获得现金流

　　盈利的第四个节点是优术。什么是优术？简单来说就是通过优化盈利模式，帮助企业不断地得到现金流，从而让企业生存下去。那么，如何不断优化企业的盈利模式，让企业源源不断地赚到钱呢？本章我们将讲解三个思维，分别是产品思维、用户思维和流量思维，希望能带给你一些重构盈利模式的启发。

产品思维：

通过供给侧创新来
优化盈利模式

不管做什么生意，起点通常有三个：产品、用户和流量，就像颜色虽然千变万化，但都是由红、黄、蓝三原色组成的一样。那么，如何根据"商业三原色"，找到适合自己的盈利模式呢？

每个老板擅长的方向不一样，有些擅长流量，哪怕公司没有产品，也能引来有价值的流量，产品只是最后的变现方式，所以不在乎产品是什么；有些老板喜欢钻研产品，能做出很好的产品，可就是不会引流，酒香困于巷子深；还有些老板擅长研究客户，既不懂产品，也不懂流量，但能抓住核心用户的心，也能赚大钱。

所以，"商业三原色"——产品、用户和流量，并不一定每一样都精通，但至少要有一个长板，长到光彩照人、引人注目，这样才能有安身立命的法宝。

商业三原色

具体该如何做呢？又该如何通过"商业三原色"设计商业模式呢？这就需要掌握盈利的三大思维，分别是产品思维、用户思维和流量思维。这一讲我们先来讲产品思维。

对于创业者来说，掌握了产品思维，创业会更容易成功。很多老板就是靠一两个拿手的产品一夜暴富的。比如现在浙江一带做玩具的工厂，可能几年都出不了爆品，但只要一套模具火了，立马就能暴富；再比如农夫山泉每年都上新品，可卖得最好的，还是老品农夫山泉矿泉水。

海尔曾经出过一款奇葩产品——能洗地瓜的洗衣机。现在听起来觉得有点好笑，可当时张瑞敏只是想着满足客户的需求。1996 年，海尔收到一个四川农民的投诉，说家里的洗衣机排水管老是堵。售后人员上门检查后发现，农民用洗衣机洗地瓜。地瓜从土里挖出来，全是泥，能不堵吗？但张瑞敏觉得，既然老百姓有洗地瓜的需求，那我们就研发一款能洗地瓜的洗衣机。结果可想而知，根本卖不动。

由此可见，好的产品思维，既不能全听客户的，也不能不听客户的。那么，如何把握这之间的微妙关系呢？核心有三个，分别是可感知价值、产品就是商业模式、产品的背后是生活方式。下面我们来一一讲解。

一、 可感知价值

小仙炖于 2014 年成立，三年后就成了全国销量最高的燕窝品牌之一。要知道，燕窝对于中国人来说，可太熟悉了，标准的传统产品、传统行业。坐镇市场的老牌子一抓一大把，凭什么小仙炖能后来者居上？核心原因就是吃出来的价值感。

首先，小仙炖为了区别于同行，在产品理念上下了功夫。在小仙炖之前，国内燕窝主要分为两种：干燕窝和即食燕窝。干燕窝属于食材，需要经过挑毛、泡发、炖煮才能吃，非常费工夫。后来，有人为了解决这个问题，就把干燕窝做成了即食燕窝，类似于罐头。加点添加剂，可以放半年到两年。吃起来确实方便了，但罐头这东西，在人们的眼里就是不健康的食品。把高营养的燕窝做成罐头，总让人觉得不得劲儿。小仙炖另辟蹊径，发现客户最认可的燕窝吃法，还是现炖现吃，这样吃起来既新鲜又有营养。于是，它重新改良了生产工艺和购买流程。让用户先下单，然后工厂立马现炖，最后冷链直接配送到家，保质期控制在 15 天以内。保质期长了不新鲜，保质期短了容易坏。整个过程，跟点外卖的体验差不多。

其次，既然是补品，原材料就是关键。可都做成燕窝成品了，也看不出食材的好坏，很多人会担心燕窝质量不够好。小仙炖就给每瓶燕窝设计了专属的溯源码，扫码就能看产地和生产信息。

最后，小仙炖不放过任何一个和客户接触的细节，时刻保证价值感。举个例子，冷链配送有一个通病，那就是客户拿东西的时候，因为冰袋做过降温处理，一遇到空气就会出现水汽，手碰上去会有些冰凉，让人有一种冷冻过、不够新鲜的感觉。小仙炖为了解决这个感知点，把原来的冰袋换成了超大尺寸，并且对外皮做了植绒处理。这样冰袋就不会出现水汽和雾气，摸上去也很舒服。打开盒子，完全没有一般冷冻产品"水淋淋"的感觉，反而非常清爽、有质感。

从产品理念到食材溯源，再到每个细节的价值点，小仙炖都在反复强调自己主打的核心卖点——"鲜"，并且在每一个感知点上强化了客户对小仙炖"鲜"的认知。

有一款熬夜饮料，也把可感知价值做到了极致，产品名叫"一整根"。瓶子里直接塞了一根真人参，看着就很提神醒脑，据说卖得还不错。产品最忌讳的就是明明有价值，客户却感受不到。

之前我服务过一个餐饮客户，他总是抱怨自己用的食材比对手的好，可客户就是吃不出来，不识货。我就问他："能好多少，有50%吗？"他犹豫一下，说："10%～30%吧。"那吃不出来很正常，一般人的嘴没有那么刁，分不出10元和7元的米的区别。即便是分出来了，也不会为了多吃一口10元的米，就来你家消费。

于是我提出了两个解决方案。要么把米换成五常大米，让客户能吃出差别；要么从迎宾到落座、点餐、就餐，再到吃饭结束，把和客户接触的每一个点都做好，让客户感觉到你家的店和别家的不同。我另一个做私房菜的客户就是这么做的，他觉得客户到店吃饭，干净卫生是最基本的，所以他家的店永远一尘不染。毫不夸张地说，他家的厕所比很多店的大厅都干净，客户能不喜欢吗？

产品的背后是可感知价值，注意，不是真实价值，而是可感知价值。有些产品不见得价值真的大，但迎合了老百姓的认知，大家就觉得它好。要想达到这种效果，就要根据客户在消费过程的感知点来设计每一个可感知价值，让客户和产品同频，感受到产品的价值。

二、产品就是商业模式

生意做遍，不如卖面。餐饮是普通人最喜欢的创业项目，但也是失败率最高的项目。尤其是这几年，各种串串店、火锅店扎堆，几个月赔几十万元、上百万元的大有人在。很多人觉得火锅市场的前景好，不需要厨师，客单价又高。没钱开火锅店的，还可以开麻辣烫店。麻辣烫多便宜啊，人均消费不到 20 元，制作也简单，就是低配版的火锅。所以，大街小巷，不是火锅店，就是麻辣烫店。可实际上，麻辣烫是"红海"，火锅是"血海"。"杀"进去，别说赚钱了，能不能"活着"出来都难说。于是，有人就另辟蹊径，发明了火锅杯这个品类。

第一家火锅杯公司叫七口辣，店面主要在上海。一般来说，第一个吃螃蟹的人，不是先驱就是先烈，七口辣成功了，三年时间开了几十家店。为什么它能做得这么好？核心原因是七口辣把商业模式琢磨清楚了，选对了品类方向。火锅杯赛道有三种产品。

① 桶装麻辣烫

这打了个新概念，实际上企业经营者自己也说不准火锅杯能不能成功，所以用老模式卖新产品。整个店的运营模式和麻辣烫店差不多。等新鲜劲儿过去了，还是拼不过龙头企业。

② 奶茶火锅杯

这种产品价格控制在 20 元以内，走小吃路线，奶茶加麻辣烫，给人感觉性价比很高。可一旦这样定位，就彻彻底底成了小吃，和火锅、麻辣烫这种高复购率的正餐就不搭边了。

③ 正宗火锅桶装杯

这种产品舍得下狠料，加上了麻辣烫没有的毛肚、虾滑、牛肉等，底料也是正宗红油火锅的，直接和麻辣烫拉开了档次。当然，价格也要高一些，但又比正宗火锅便宜，毕竟看起来简单一些。

七口辣走的就是第三条路。它的核心逻辑是这样的：一般麻辣烫的客单价在20元以内，最多不会超过30元。客户也认为吃麻辣烫就是图个便宜。所以，只要是开麻辣烫店，客单价绝对上不去。火锅、串串的客单价基本在50元以上，它们不能像麻辣烫那样卖得太便宜。毕竟麻辣烫是正餐，复购率高，能拉平房租和人工成本。火锅、串串复购率低，主要是晚上卖，若客单价低了，就会经营不下去。这也就导致，30～50元这个价格带没有能占据市场的火锅品类，七口辣切入的就是这块市场。接下来就是根据产品和价格带选址、确定单店模型等。

首先，肯定不能做成社区店，必须开在有着高曝光量的高端商场。要是开在菜市场旁边，第二个月百分之百会倒闭。例如，七口辣的上海巴黎春天店，开在星巴克楼下；杭州紫金港店，开在大学城商业街。总之，必须选在租金贵、人流大的地方。这种地方才能撑起30～50元的客单价。

其次，确定单店模型。由于火锅杯是一个人吃的火锅，外卖和外带的很多。因此，店面没必要太大。一般前厅有10～20平方米，能放下五六个餐位就够了。火锅制作简单，员工也不需要太多，几个全职加兼职就足够了。这种产品最适合外卖加堂食的模式。而且如果选址好了，外卖的量可能比堂食还要高。更重要的是，因为客单价高，外卖和外带又多，所以，反倒比同等面积的麻辣烫或火锅店营业额高得多。

固定成本低、市场竞争小、营业额还高，七口辣想不成功都难，这就是产品决定了商业模式。很多生意赚不赚钱，能赚多少钱，其实从一开始的选品就决定了。因为选品的背后，是选址、选客群、确定单店运营模式。这一整套下来，就决定了公司的商业模式和利润空间。

做生意，从选品开始就要想清楚后面一系列的运营问题。要不然，闭着眼睛扎进去，大概率会越做越累，还不赚钱。

 产品的背后是生活方式

很多人说，书店只能卖情怀，赚不了钱，可日本的茑屋书店把一大半的日本人都发展成了会员。它是如何做到的呢？在传统书店，导购员的作用是帮忙找书；而茑屋书店的导购，全是重金聘请的各领域专家。比如旅游类导购是出版了 20 多本旅游指南的记者，烹饪类导购是女性烹饪杂志的主编，音乐类导购自己举办过 200 多场演唱会。那么问题来了，请这样的导购，先不说工资能不能给得起，主要问题是有必要吗？在茑屋书店看来，非常有必要。因为茑屋书店的理念不是卖一本书，而是卖一整套的生活方式。例如，音乐杂志的旁边，会放各种 DVD 和 CD。如果是懂音乐的人做导购，不仅可以介绍书，还能根据读者想读的书，搭配各种 CD。又如，美食类图书旁边放着厨具，懂美食的导购，现场讲解做什么菜配什么锅；旅游类图书旁边放着各种旅游装备，懂旅游的导购，直接帮你挑选装备，规划合适的旅行方案。

更极致的是，日本老龄化很严重，茑屋书店为了迎合老年人，直接按照老年人最在意的生老病死来设计书店的装修。关于死亡，会有专门的宗教区，放着解释不同人活法的传记；针对独居老人，设计了带宠物的图书区；针对腿脚不方便的老人，电动助力车可随时租赁；针对带小孩的老人，还配备了儿童玩具区。

在茑屋书店内部，没有图书产品的概念，只有对各种生活方式的体验。大家去茑屋书店，也不全是看书，而是去找自己喜欢的生活方式。例如，日本武雄市只有五万人左右，可当地的茑屋书店年客流量有 100 万，相当于平均每个人每年去了 20 次左右。所以，茑屋书店的创始人增田宗昭总结其他书店做不好的原因时说："其他书店的问题就在于它只卖书。"

不只是书店，其他行业也一样。例如，我之前服务的服装和家具行业的客户，很多都把店做成了集合店。客户进服装店一次性就能从头买到脚，店员更多是扮演搭配师的角色，给客户推荐什么场合穿什么衣服；家具店软硬装打通，不再是单纯地卖家具，而是帮客户设计理想的生活空间。

不卖产品，卖生活方式，大概率会成为以后商业的主流，单纯靠倒买倒卖赚点差价，估计会越来越难做。

大圣点拨

这一讲我们讲解了产品思维，产品思维有三大核心。

（1）可感知价值

要么单点击穿，好到客户为这一个点买单；要么在和客户接触的每一个点上都设计可感知价值。

（2）产品就是商业模式

从选品开始，就要考虑商业模式，然后根据产品和商业模式，倒推选址、客群和单店模型。而不是稀里糊涂生产一个产品就开始卖，卖不好了又琢磨如何促销。

（3）产品的背后是生活方式

客户买任何产品，都是为了更好地生活。所以，与其卖产品，不如直接卖生活方式，让客户直接感受到产品背后的生活乐趣。

用户思维：
通过需求侧创新来优化盈利模式

上一讲我们说过，任何生意都是由产品、用户和流量组成的。其中，用户是所有创业者最熟悉的陌生人。说不熟悉吧，你天天琢磨客户心理；说熟悉吧，你又总是抓不住客户的"心"，不知道客户真正想要什么。这一讲我们就来聊聊客户到底想要什么，以及如何撬走别人的客户。

一、 隐性需求才是刚需

霸蛮米粉当年靠着"北大硕士创业卖米粉"的噱头，成了网红餐饮。但很多人并不看好，认为它和其他网红品牌一样，经营不了多久。可等同时代的西少爷肉夹馍、黄太吉煎饼等网红店陆续关门后，霸蛮反倒越"活"越健康。不但扛过了三年新型冠状病毒感染期，还拿到了过亿元的融资，入选了哈佛商业案例库。

霸蛮凭什么躲过了网红餐饮倒闭的魔咒？靠的是创始人张天一对客户隐性需求的把握。当年霸蛮在北京开第一批店的时候，北京基本上找不到湖南米粉。北方人爱吃面，对米粉天然不感兴趣。

张天一为了了解客人的口味，特意做了几百份调查问卷，收到了很多反馈：有的不要重口味，有的不要太辣，有的要健康饮食……所以，他把湖南米粉进行了改良。但后来的一件小事，彻底颠覆了张天一的商业认知。

有一天，他凌晨四点去菜市场买菜，错把普通的辣椒买成了最辣的辣椒王。结果，很多客人吃一筷子就因扛不住被辣走了。张天一觉得完了，大众点评上绝对会骂声一片。可没想到，这一天却是开店以来好评最多的一天。有一个评价是这样写的："听说北京开了家正宗的湖南米粉，我一吃，妈呀，太辣了，愣是吃不下去。但我觉得，正宗的湖南米粉就应该是这样的。"客人嘴上说的跟心里想的，很多时候不是一回事。谁都不会说"我要吃垃圾食品"，可到了晚上，夜宵吃的全是高热量、高脂肪的食物。

从改革开放到现在，人们的显性需求早被满足了。以前只要有穿的、有娱乐的，就很开心了。现在穿的、玩的满大街都是，有很多品牌可供选择，买哪个品牌，关键就看谁能满足客户的隐性需求。

微信刚推出的时候，只有免费发短信的功能。公司做了很多推广，用户量就是上不去。因为当时大家的免费短信套餐都用不完，没有必要用一个只能发消息的软件。

后来，微信是怎么爆发的呢？用周鸿祎的话说就是，微信靠"摇妹子"功能获得了第一批忠实客户。男人用微信没法说出来的隐性需求是寻找女性朋友。所以，张小龙连续推出了附近的人、摇一摇、漂流瓶等功能，微信装机量直接就"炸"了，一个月超过了一个亿。很多人也确实靠摇一摇找到了女朋友，有些还结了婚。

比满足客户显性需求更重要的是找到客户不愿意说，甚至是没有意识到的隐性需求。而对隐性需求的挖掘，必须从人性的底层出发，挖得越深，就越容易切中要害。

用户由具体的消费场景来划分

拿火锅来说，海底捞、巴奴和凑凑，都是火锅头部品牌，而三家的定位各有不同。海底捞重在服务；而巴奴的口号是"服务不是巴奴的特色，毛肚和菌汤才是"；凑凑则是剑走偏锋，其他火锅店恨不得一个桌坐20个人，可凑凑普遍是四人位，人多了想挤挤都费劲。

三个品牌，为什么打法差别这么大？核心原因就是切入的消费场景不一样。

海底捞的主力客群的需求是家庭聚餐、朋友聚会。所以，海底捞会唱生日歌、会搞气氛。因为这部分客户来海底捞，就是为了开心。因此，海底捞的口号是"一起嗨，海底捞"。

巴奴的装修偏厚重，消费场景主要是商务宴请。环境让请客的人有面子，价格上也比一般的火锅店高一些。为了树立轻商务的形象，巴奴甚至花了几千万元，开了一家2300平方米的概念店，只放61个台位。目的就是拉升品牌档次，让请客的人更有面子。

凑凑和前两家完全不是一个消费场景，奶茶是它的核心产品，能占到营业额的20%。一家火锅店为什么主打奶茶？因为凑凑的消费场景主要是闺密逛街。想一想，闺密逛街一般几个人？三四个是最多的，人少了没意思，人多了太闹腾。女人逛街最喜欢喝什么？当然是奶茶了。所以，凑凑火锅的奶茶成了主打。在菜品和环境上，凑凑明显非常注重颜值，荔枝虾球、企鹅跳水，姑娘们看到了都想拍照发朋友圈。

海底捞是家庭、朋友聚会，巴奴是轻商务，凑凑是闺密逛街。同一个赛道，却是三个完全不交叉的客群和消费场景。那么，和闺密逛街时在凑凑消费的客户，会不会去海底捞和巴奴呢？当然会。和家人聚餐就会去海底捞，请客户吃饭就会去巴奴。

用户是由一个个具体的消费场景来划分的。大概率一个品牌只能满足用户一到两个场景，多了用户记不住，也无法聚焦核心竞争力。试想一下，如果巴奴也主打服务，天天唱生日歌，那么轻商务的客户还乐意去吗？自然不愿意。

三、用户价值决定客户是否会选你

在这个供大于求的行情下，几乎每个赛道都是拥挤的。大家拼到最后，比的就是谁的手腕更硬。可问题是，客户已经习惯了对手的产品，凭什么换呢？而且，对手就不会反过来撬你的客户吗？

这里有个公式，用户价值＝新价值－旧价值－替换成本。想让用户买你的产品，核心方法就是给用户足够的价值，而足够的价值要超过用户的旧价值和替换成本。方法是要么增加客户的沉没成本，要么降低客户的替换成本。

01 增加客户的沉没成本

之前我服务过一个做艺术培训的客户A，他在河南一个小县城做了十几年，和另一家机构基本垄断了当地的市场。本来大家相安无事，结果，对方突然来了个大降价，一下撬走了A的一大批客户。他没办法，只能跟着降价，两人你来我往，谁也没占到便宜。最后私下达成共识，降价对谁都没有好处，双方价格恢复原样。

事情虽然过去了，但A意识到，这不是长久之计，必须想办法提高客户的忠诚度，增加客户的沉没成本。于是他做了两件事情。第一件事，给每个新生建立成长手册，记录孩子学习过程中的得与失，同时制作一份简易版的手册给家长，但详细版的留在培养机构；第二件事，给孩子制订更长期的学习计划，每月给家长反馈孩子的学习情况，让家长清楚孩子的学习进度以及未来的成长计划。

总结起来，就是当下多做增值服务，并且时刻提醒家长，未来只要不换培训机构，还有更多的收获。作为家长，学费是一方面，但更重要的是孩子的成长和收获。

一般来说，家长不愿意轻易换老师，除非在心里认为，两个机构区别不大，去哪家都一样。但现在不同了，A采取提高客户的忠诚度措施后，如果换培训机构，则意味着孩子的学习计划被打断，无形中增加了沉没成本，家长自然就不愿意随便换培训机构了。

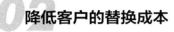

降低客户的替换成本

电子产品在降低客户的替换成本方面做得很好。

苹果每年都有以旧换新的活动，而且大家最头疼的导数据问题，苹果也能一键解决。新手机拿到手没多久，用起来就跟老手机一样顺手了。

因为每个软件商的特长不一样，所以客户很容易买到不适合自己的软件。想换其他的，又怕换了软件后，之前的很多数据就没办法用了。这些数据是多年积累下来的，重新做的工作量之大，劝退了很多想换新软件的客户。后来，金蝶和用友两大巨头把这个问题解决了。不管企业之前用的是什么软件，只要有数据库，就能和新软件兼容，这两家公司也因此成了国内软件行业的巨头。

大圣点拨

要想搞定用户这个最熟悉的陌生人，就要知道他们究竟想要什么，以及如何才能挖走别人的客户，核心有三点。

（1）隐性需求才是刚需

因为供大于求这么多年，客户的显性需求早就被满足了，只有找到那些客户不愿意说，或者没意识到的隐性需求，才能满足客户。而客户的隐性需求，就藏在人性深处。

（2）用户由具体的消费场景来划分

品牌要做的最重要的事，就是找到自己擅长的场景，而且一定不能贪多。贪多了用户记不住，你也没办法聚焦核心竞争力。

（3）用户价值决定客户是否选择你

用户价值的公式是，用户价值＝新价值－旧价值－替换成本。如何提高自己的用户价值？方法是，要么增加客户的沉没成本，要么降低客户的替换成本。

流量思维:

通过连接端创新来
优化盈利模式

流量是一切生意的根本，没有流量就没有生意。我接触的很多经营者都有一个痛点，那就是突然没有流量了。更尴尬的是，以前引流的手段也失效了，压根儿不知道接下来如何引流。下面我们就来聊聊流量思维，彻底打通产品、用户和流量的盈利模型闭环。

流量思维有三层认知：第一，流量会颠覆所有商业模式；第二，精准流量很重要；第三，脑子活是关键。

流量会颠覆所有商业模式

以抖音这波红利来举例。很多经营者到现在为止，也没有看懂抖音这一波红利的威力。如果说，抖音的流量红利会颠覆一切商业模式，还真不是吹牛。

讲一个最原始的生意——摆地摊。很多人认为摆地摊是不入流的生意，却有人靠着摆地摊，一年赚了一两千万元。你可以在抖音上搜索一个账号：妍妹儿卤味记，这是我之前做的小餐饮培训项目。账号的"粉丝"量和流量都不是很大，但变现做得特别厉害。

我为什么会做这个项目？是因为我之前看到一个账号，"粉丝"并不多，但我感觉他的人设和变现能力不错，所以就去实地考察。结果，大吃一惊。他摆摊的地方，是在一个小区的夹角，人流量少，周围摆摊的生意都不怎么好。他跟我约的是六点出摊，结果却姗姗来迟——六点半才到。可还没等他把摊摆稳，就有一大波人把摊位围得水泄不通，这些人90%是抖音上的"粉丝"，来了不为吃东西，就是尝个味道，然后就会交几千元的培训费，跟他学手艺。

我那天大概算了一下，前后至少有五十组客户，很多还是从外地来的。这些人意向很明确，能这么大老远跑来，成交率至少能有一半。这位摊主一天就有十几万元的收入，顶得上周围这些小摊一年的收入了。关键是，老板还不累，一个小时卖完，收摊回家，剩下的转化都交给销售团队。摆摊变成了拍视频、与沟通客户的道具。

后来，我也复制了这个模式，一样厉害。一个大师傅，一次可以交十几个学员。前端引流也不复杂，找个颜值好些的女孩，摆个摊，就能起号。满打满算，三五个人就够了。三五个人一年能做上千万元的流水是什么概念呢？对比一下就知道了。

我有个私董会的客户，之前是做粮油生意的，公司近百号人，一年营业额一亿元左右，得到的利润还不到一百万元。人家一个小摊，做抖音，一年利润顶他十年。所以说，流量红利会颠覆所有商业模式。

二、精准流量很重要

流量不变现，等于没流量。很多生意，流量大也不一定有用，关键还是要引来精准流量，并且能够快速变现。这就需要通过核心圈层，裂变到精准客户。

认养一头牛，成立六年，销售额就破了 20 亿元。要知道，国内牛奶行业早"杀"成了一片红海。全国有伊利、蒙牛垄断市场，地方还有各地扶持的本土"地头蛇"，新品牌很难做起来。认养一头牛是怎么"杀"

出来的？核心就是靠私域运营，绕开了其他品牌的营销防区，直接裂变出了深度会员。

认养一头牛的模式是这样的：一开始就没有像传统牛奶品牌那样主打商超市场，甚至到现在，很多店里还看不到它的货。它的销售渠道完全是"人传人模式"。2017年，认养一头牛推出了"分享家计划"，就是你买我的牛奶，也帮我卖牛奶。分享家分为三级：普通分享家，销售佣金为5%，邀请新的分享家分佣8%；只要卖出去的产品满100元，就能升级成银牌分享家，销售佣金变成7%，邀请佣金8%不变；卖出去的产品满500元可升级成金牌分享家，销售佣金直接提到10%，邀请佣金还是8%。

为了帮客户卖货，认养一头牛鼓励客户拉群，只要满50个人就有一系列的福利，如纯牛奶针对群成员降价到39.9一提，群内成交的所有订单，群主可以收取佣金。再往上还有合伙人机制，支付2999元就有一头牧场奶牛的认养权。花一万元可升级为联合牧场主，整头牛的所有收益都能参与分配。这也是为什么叫"认养一头牛"这个名字。

具体的认养模式，又分成云认养、联名认养和实名认养。最高级的实名认养，客户还能给自己的奶牛起名字，定期收到奶牛的成长数据和照片。这套模式很明显是针对那些对奶牛质量非常在意的中产阶级设计的。

所以，认养一头牛最开始主要和中产阶级喜欢的互联网"大V"合作，如吴晓波、十点读书、老爸测评等。当时认养一头牛在吴晓波频道推广，一周销售额近200万元，可见人群有多精准。后来，认养一头牛又在网易严选、每日优鲜这类中产阶级喜欢的网购平台推广。吸收了第一批精准"铁粉"后,才逐步到天猫、小红书这些大众平台推广。而传统的店销渠道,认养一头牛后面才慢慢地铺开。这是标准的先做圈层精准营销,拥有第一批种子用户后,逐步破圈,从小众走向大众。

为了吸引种子客户,认养一头牛也是费尽了心思。先是设计各种荣誉机制,让"粉丝"有归属感;然后让出收益,鼓励"粉丝"推广;最后干脆帮"粉丝"建群卖货,只要能卖出去,收益大家一起分。一整套方法做下来,既维护了"铁粉",又裂变了很多的新客户。这就是认养一头牛能快速崛起的根本原因。

而传统牛奶品牌,做新品牌的方法还是老一套。先往商超赊销铺货,然后花钱打广告,最后找人做促销。先不说货能不能卖出去,光是赊销和营销成本,一般的小企业就承受不了。更重要的是,终端门店的竞争早就"杀"成了红海。强势品牌有蒙牛、伊利,便宜实惠的有地方品牌,新品牌根本插不进去。认养一头牛其实是用新模式、新渠道卖老产品,从侧翼打了老品牌一个措手不及。等老品牌回过神来,认养一头牛不但已经站稳了脚跟,反过来还能进攻老品牌的主战场——商超。

找精准流量做裂变的目的,就是找到一个流量洼地,快速收割第一批客户,形成自己的基本盘。这样进可攻,退可守,才能立于不败之地。

三、脑子活是关键

流量是水,来得快,去得也快,自身并没有效益。能不能运用流量赚钱，关键看你的脑子够不够灵活，眼光够不够独到，能不能看到水里面的金子，并且是否有能力把金子捞上来。一旦掌握了流量思维，你一定会琢磨一件事，那就是想办法压低成本，找到毛利高的商品。真正的高手可以把一些看似不相干的线索拼接在一起。

前些年，美国的平邮特别便宜，有一家公司就把它当成一种低成本的流量来源。有了流量来源，接下来就是找一个高毛利的商品。这家公司做了很多测试，最后找到了激光剑这个产品。因为受《星球大战》的影响，美国家庭里的男人和男孩子都很喜欢这个产品。激光剑的正版特别贵，而当时中国工厂生产的激光剑特别便宜。这个公司用平邮的方式，往美国的千家万户邮寄激光剑。有的客户收到后觉得这些激光剑品质还行，价格也比当地商店便宜很多，于是就收货付款了。这个产品的毛利很大，几个人里面只要有一个人付款，这家公司就赚翻了。

最有意思的是，这家公司怕同行把这一招学会，同时也怕员工跳槽到别的公司后说出他们的套路，于是把公司开到了西部一个很偏远的城市。员工即使想跳槽，也没有互联网公司可以去，于是这家公司就这么闷声发大财了。

说这个案例是想说明一件事：流量思维和传统企业经营者的产品思维完全不是一回事。流量思维的核心就是脑子活，能把完全不搭边的事情连接起来，变成商机。

大圣点拨

流量是一切生意的起点，没有流量就没有生意。如何提升自己的流量？以下流量思维的三层认知为大家指引方向。

（1）流量会颠覆所有商业模式

不管你相不相信，流量的威力就是非常大。如果你对流量没有一个正确的认知，那么你是不可能获得流量红利的。

（2）精准流量很重要

重点是找到精准流量，想办法先和种子用户建立联系，然后通过裂变模式快速收割第一批种子用户。

（3）脑子活是关键

在多数人的认知里，能做生意当老板的，没有脑子不活的。如果你想掌握流量思维，脑子就必须灵活。

| 第 5 章 |

利器：打造赚钱系统

打造属于你的赚钱系统

盈利的第五个节点是利器。企业要持续盈利，就要不断升级自身的赚钱系统，你的赚钱系统基本上决定了你赚钱的上限。那么，企业如何才能打造一个属于自己的赚钱系统，同时不断升级赚钱系统呢？本章我们将讲解系统思维、壁垒思维和杠杆思维，教大家一些打造赚钱系统以及升级赚钱系统的方法。

系统思维:

打造属于你的
赚钱系统

"草根"创业一般会经历以下三个阶段。

（1）第一阶段

一个人或者几个好朋友合伙创业。能不能成功，全看老板自己的拼劲儿大小。

（2）第二阶段

业务量多了，不得不招人。虽然有了团队，但其实老板更像一个大业务员。因为这个时候公司太小，没什么实力，招来的员工多半是"小绵羊"。老板不仅要自己带头往前冲，还要分身照顾团队。所以，这个阶段的老板最累。

（3）第三阶段

外部有稳定的业务渠道，内部有成熟的自运营系统。老板天天云游四海，公司照样玩得转。到这一步，才算是走上正轨。不敢离开公司的老板，注定做不大；不能"躺"赚的公司，也注定做不大。

从第二个阶段赚辛苦钱走到第三阶段"躺"赚，关键是老板要有系统思维，给公司和自己装上赚钱系统的引擎。具体分为三步，分别是升级赚钱的思维方式、内部建立自运营的管理系统、外部建立管道式赚钱系统。

升级赚钱的思维方式

多数老板在赚钱这件事上都是线性思维。例如，餐厅生意不好，发现隔壁最近做促销，生意可好了，自己也跟着做促销。对方打八折，我打七折，还送啤酒。结果，生意没好起来，反倒把利润降低了。再如，员工工作没状态，就让培训公司来"洗脑"。培训完的第一周都像打了鸡血，可第二周就打回了原样。然后，又琢磨是不是钱没给到位，把工资涨了，效果也的确持久一些。但涨了几回后，好像也没什么效果了。

线性思维就是把复杂的问题，归结到几个简单的点上。我在服务客户的过程中发现，很多企业都是这样，头痛医头，脚痛医脚。我深入调研后发现，有的企业表面上看是促销的问题，其实背后的问题一大堆，比如菜品质量不稳定、选址不好、客群定位不精准、接触感知点不到位等。不把这些问题解决，越做促销倒闭得越快。

激励员工也一样，不是钱给得越多，就越有激励效果。薪资是保健因素，是有刺激范围的。就像土地施肥，多加10斤肥，多20斤粮食；多加20斤肥，多40斤粮食；如果多加80斤肥，则会一粒粮食都没有，因为庄稼全被"烧"死了。

赚钱是个复杂的系统，需要用系统思维从全局视角去解决问题。柳传志用拧螺丝的故事解释过系统思维，说得非常形象。给汽车上轮胎，一般有五个螺丝要拧，怎么拧效率最高呢？先把一个螺丝轻轻拧上作为固定，然后把其他四个轻轻拧上，最后挨个拧紧螺丝。如果一开始就把一个螺丝拧到底，其他螺丝很有可能拧不上去。

　　我有个客户之前到日本丰田游学，提出了一个问题："为什么学了丰田的看板管理、生产法，可自己就是没什么变化呢？"丰田的高管解释："不是丰田教给大家的东西藏了一手，而是任何一家公司的管理方法，都是一个大系统下面的子系统，大家只看到了这个系统里最漂亮的那一个点，想着拿回去就能用。可没想过丰田为了运行生产法，在背后进行了多少次供应链的调整、生产工艺的优化。"

　　对于中小企业来说，到底什么是赚钱系统？其实很简单，用一个公式就能说明白：利润＝收入－成本。决定公司利润的是收入和成本之差，而收入由营销决定，成本由管理决定。管理在内部，营销在外部，这意味着公司需要一内一外两套赚钱系统。

二、内部建立自运营的管理系统

　　所有的管理系统都只有一个目的，那就是让团队走向自运营，彻底解放老板。拿交通系统来说，全国大概有4亿辆车，而全国的交警不超过150万人，这里面还包括一部分后勤人员，真正指挥交通的大约也就100万人。100万人指挥4亿辆车，怎么指挥都会出差错。而交通系统让这项工作变得简单，哪怕晚上没有交警，所有人也会自动遵守交通规则。

　　公司也一样，人盯人，累死人。所以就需要一套让团体自运营的系统去管理公司。这套系统分为四个板块，分别是顶层设计、机制设计、流程设计和文化设计。

01 顶层设计

顶层设计解决公司战略布局的问题，好比指挥棒，让所有人知道要往哪里打，具体有战略规划和商业模式两个板块。战略规划就是规划清楚公司未来三到五年的发展方向和业绩目标，具体还会涉及组织架构、愿景、使命、价值观等；商业模式就是说，要清楚公司赚什么钱、怎么赚。

02 机制设计

机制设计的重点是给员工分好利益。不想当将军的士兵不是好士兵，很多员工都梦想着三件事：升职、加薪、当老板。怎么实现员工这三个目标呢？分别对应三个模块：升职是职级晋升，加薪是薪酬杠杆，当老板是股权激励。好的老板激发员工的动力，帮员工设计发财梦；差得老板忽视员工的动力，只说公司需要，不谈员工需求。

03 流程设计

前面两个板块说的是公司要往哪里打、怎么打，以及完成目标后每个人能得到什么好处。接下来就要说具体怎么做了。

做任何一件事，分成事前、事中、事后三个部分。事前是工作分析，说清楚做事情的标准；事中是运营管控，若过程不管控，结果一定会失控；事后是绩效考核，上学的时候，老师考我们什么，我们就会背什么，员工也是一样的，老板考核什么，他们就在什么上面使劲儿。而且，公司的考核点还可以和顶层设计里的战略规划结合起来，做到千斤重担人人挑，人人头上有指标。这样，事前知道做什么，事中有人管着，事后还有考核机制，事情才能真正地落实下去。否则，嘴上天天喊着目标，却和员工的实际工作结合不到一起，战略和战术便会分离。

04 文化设计

文化是一家公司的灵魂，能把公司从一个胜利引领到另一个更大的胜利。那么，如何打造团队文化呢？核心方法是进行战略招聘和文化传播。战略招聘选人，文化传播培养人。选人一般比培养人更重要。如果员工的观念不符合公司的文化，那就只能舍弃。成年人改变起来太难了，改变一个员工所花费的时间能培养好几个新员工。

公司整套自运营系统，从顶层设计到机制设计，再到流程设计，最后到文化设计，把员工的招、用、育、留问题，一次性全解决了。内部没负担了，接下来就要建立外部的赚钱系统。

三、外部建立管道式赚钱系统

外部的管道式赚钱系统有两种，一种是调整盈利模式，把不是"躺"

赚模式的变成"躺"赚模式的；另一种是改变公司的运营模式，让员工去做"管道"。

先说第一种，调整盈利模式后的"躺"赚模式。

做服装的韩总因为这两年服装生意不好做，转型做了餐饮，主打麻椒鸡。他最开始的模式是开麻椒鸡线下店，主要开在人流量比较大的社区附近。第一家店开得还算成功，很快就开了第二家店。但开了第二家店以后，韩总却不愿意再开新店了。为什么呢？有两个原因。第一，这样不停地开店，意味着不停地投入，看起来营业额一直往上走，但实际上账面上没钱，和服装店压库存没有什么区别；第二，他的麻椒鸡在抖音做直播卖得很不错，平均月销售额100多万元，成本却比实体店低很多。另外，做直播还有"躺"赚的机会。

直播卖货并不是一件轻松的事，互联网变化很快，从淘宝到抖音，也就几年的时间，谁知道下一个"巨无霸"是什么呢？单说做直播，平台的规则就在天天变，没人敢拍着胸脯说，自己能永远增长。所以，韩总对盈利模式做了调整。开始主推培训，教人做麻椒鸡，培训费一人6800元。收培训费不是重点，重点是每个培训完的人，回去后每卖一只麻椒鸡，就需要用韩总的一个料包。全国各地的加盟商加在一起，一天能卖几万只椒麻鸡。这几万块就是"躺"赚的钱，不需要花推广费，也不怕平台限流。而且，后期还可以研发新品，继续卖给老加盟商。每增加一个产品，就会多一个"躺"赚的管道。

从实体店到借助流量红利做直播，批量成交，再到收加盟费、卖料包，公司的运营压力越来越小，收入越来越稳定，这就是改变盈利模式后的"躺"赚。

第二种是改变公司运营模式，把员工变成"管道"。

我前公司的老东家 A 用三年时间做成了所在区域的行业领头羊，用的就是这套模式。最开始，A 和其他公司一样，不断地招人、做培训，但是公司越大效率越低，成本也越来越高。到最后，团队不是"死"于外部竞争，而是"死"于内耗。

为了解决这个问题，A 当时做了一个非常明智的决定，即利用所有员工升职、加薪、当老板的愿望，帮助公司建立赚钱管道。具体的做法是这样：把公司能做的市场分成几个大区，如新疆、成都、西安、河南。然后从现有团队中挑人，派到各个大区。因为前期属于开荒阶段，公司兜底，赚来的钱，员工拿大头，公司拿小头。需要总部任何支持，总部也会全力以赴。

位置决定想法，以前去外地出差，心不甘情不愿，自从分了大区，各做各的，不用催，员工自己就会主动开发客户。公司再时不时地举办表彰大会奖励优秀员工，激励一下其他员工，那战斗力一个顶三个。

在这里，有一点需要特别强调，那就是采用分公司模式时，必须把核心资源掌握在总公司的手上。例如，老东家 A 的核心是销讲和咨询团队，分出去的销售团队就算是在当地扎得再深，若没有后端的支持，也没办法生存。这就杜绝了尾大不掉、将在外君命有所不受的情况。

大圣点拨

创业要想从第二阶段的辛苦赚钱跨越到第三阶段的"躺"赚，必须经过三步。

（1）升级赚钱的思维方式

从线性思维升级到系统思维，从全局看问题，不能头痛医头，脚痛医脚，更重要的是，要全面升级公司一内一外两套赚钱系统。

（2）内部建立自运营的管理系统

这套系统分为四个板块，从顶层设计到机制设计，再到流程设计，最后到文化设计，从人管人升级到系统管人。

（3）外部建立管道式赚钱系统

外部的管道式赚钱系统有两种，一种是调整盈利模式，把不是"躺"赚模式的变成"躺"赚模式的；另一种是改变公司的运营模式，让员工去做"管道"，而不是公司的干活工具。

壁垒思维：

打造企业护城河的方式

没有竞争壁垒的公司走不远，因为随时会被对手替换。若不想被替换，要么咬牙降价，亏钱维持现状；要么想办法建立自己的竞争壁垒，掌握市场话语权。从长远来看，不管做什么生意，都需要建立壁垒。这一讲就来聊聊壁垒思维。我总结了三种常用的壁垒打法，分别是成本壁垒、技术壁垒和资源壁垒。不管是大公司，还是初创企业，都能用上。

一、 成本壁垒

成本壁垒并不是一味地降低产品成本，它可以由三方面来实现，分别是降低决策成本、增加客户的转化成本、用成本思维建立壁垒。

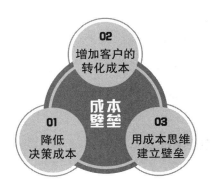

01 降低决策成本

益丰大药房是目前国内平价药房的标杆企业，它之所以能做得这么好，是因为前期开店策略起了很大的作用。药是一种特殊的产品，人们对品牌的依赖性很高，有时候为了买到放心的药，宁愿多走几步路，去大品牌的店里购买。尤其是在小县城，人们相信眼见为实，谁家的店大、店多，谁就有实力。

在益丰大药房之前，药店要么开上千平方米的大店，一家店辐射一个区域；要么集中开小店，成本低，容易复制。益丰大药房却换了个思路，在2001年成立时，第一家店开在三、四线城市，它的核心打法是先在老街开一家旗舰店，然后顺着这条街再铺三四家店围起来。相当于把一个县城最繁华的地段全圈在了自己的店面辐射范围内，人们走到哪儿都能看到益丰大药房。

这样做有三个好处。第一，品牌形象很快就建立起来了，在小县城，店多就是品牌大，这极大地降低了客户的决策成本。第二，同区域店面越密集，管理成本越低。当一条街只开一家店，若店面生意不好，员工会下意识地找市场的原因，如街上人少。现在，同一个区域开了好几家店，生意不好的店面就会主动反思自己。第三，方便对上游供货商压价，自己配送也更省事。

02 增加客户的转化成本

客户的转化成本是指客户从一个产品或服务提供者转向另一个提供者时所产生的一次性成本。下面以一家母婴平台为例，讲一讲如何增加客户的转化成本。

这家母婴平台成立仅一年，就成了当时国内母婴电商行业估值最高的公司之一。凭什么一家新公司，一年时间就能做到行业前位？

在这家母婴平台成立之前，母婴领域就已经有很多垂直电商平台了。毕竟淘宝和京东那么火，不可能没人跟风。但这些平台主要做奶粉、纸尿裤等标品。因为标品是刚需，自带流量，虽然毛利低，但只要量大，后端还可以卖其他非标品赚钱。这套思维模式属于标准的互联网平台打法，前端产品只引流不赚钱，赚钱留给后端的转化产品。

这家母婴平台从一开始就反着来，商城主打童装这类非标品。因为在平台创始人看来，产品越标准，对平台的依赖性越低。这就好比，茅台酒不需要介绍，客户到店就直接买，只要是正品，去哪个店都一样。而其他小众酒，则需要店员懂酒、懂销售，会跟客户打交道。主打非标品虽然前期赚钱慢，但只要做起来了，客户对平台的依赖性反而更高。标品依赖产品，非标品依赖平台，而且非标品的利润更高，容易形成长尾消费。

另外，这家母婴平台还洞察了一个关键点，那就是现在的母婴用户群体变了，"90后"用户是主流。他们大多数是独生子女，是互联网的重度依赖者，第一次冲奶粉可能都是从网上学的。这就意味着，一旦占领了他们的心智，他们是不会轻易换平台的。毕竟育儿这么重要的事情，谁也不愿去当小白鼠。所以，这家母婴平台靠着非标品，与客户耐心地沟通，从产品销售变成了育儿专家。

自己每开发一个客户，对手就会丢失一个客户，逐渐地占领多数客户的心智，让客户对平台产生依赖，这就增加了客户的转化成本，从而会形成我们自己的壁垒。

03 用成本思维建立壁垒

任何企业文化的背后一定是本财务账，钱花在哪里，哪里才能出结果。下面用海底捞和同品类的呷哺呷哺以及餐饮头部肯德基做对比，来看看如何用成本思维建立壁垒。

餐饮的成本主要是房租、食材和人工，海底捞的人工成本约为29%，呷哺呷哺约为22.7%，肯德基约为21.4%。对比之下，海底捞的人工成本要高得多。食材也一样，海底捞食材成本约为40.5%，呷哺呷哺约为37.3%，肯德基只有28.3%左右。工资高、食材也贵，是不是公司的利润就低呢？其实并不是，经营利润率海底捞约为15.1%，呷哺呷哺约为13.7%，肯德基约为11%。

为什么会这样？秘诀就在海底捞的选址上。呷哺呷哺一般选在商业中心比较好的地段，肯德基直接选择繁华的底商。所以，它们的租金成本在12%左右。而海底捞主要在核心商圈的附近开店，如顶层或者是商圈旁边，租金成本只有3.9%左右。省下的钱，一方面，用来保证产品质量，毕竟对餐饮来说，味道是第一；另一方面，给员工发高薪，激励员工做好服务。

由此可见，公司要想形成成本壁垒，先要清楚自己的成本结构。每个公司都有短板，而核心是找到自己的长板，调整成本模式，把钱持续投到长板上。例如，益丰大药房的选址、海底捞的食材和服务就是它们各自的长板。做好长板后，自然就会形成壁垒。

二、 技术壁垒

建立技术壁垒有两个思路，一个是做小事，另一个是做难事。下面将一一讲解。

做小事

改革开放40多年了，各个行业都有标杆企业。小公司想要和行业龙头竞争不现实，最好的策略，就是找个龙头看不上，却又有机会做大的小事，一头扎下去，逐渐形成自己的技术壁垒。

日本这种类型的企业就有很多。

吴晓波在一次年度演讲中说，他去浙江慈溪打火机产业集群考察，发现中国居然做不出打火机中打火点下面一个特别小的垫片，这需要从日本进口。打火机不算什么高科技产品，零件不超过30个，研发应该不难呀。吴晓波不理解，就问慈溪最大的打火机公司老板。对方解释说，不是他们做不出来，而是日本人把垫片做到了极致，不但成本低，而且质量好。他们如果为了一个小小的垫片专门做研发，会很不划算，从日本进口，比自己做出来省钱得多。

不要小看这么一个小垫片，要知道，全球各种打火机的需求量有200亿只，中国是最大的生产基地和出口基地，每年生产150亿只。再小的利润，乘以150亿，也是一笔可观的收入。

事不在大，而在于深。任何一件小事，只要能做到第一，就一定能赚到大钱。

02 做难事

没有人愿意做难事，但做难事必有所得。

拿我来说，最开始做内容的时候，同行有很多都是做批量剪辑号的。随便一家公司就有几百个人，每两人一组，负责几十个账号的更新。"萝卜快了不洗泥"，内容当然也不追求质量了，不是抄别人的，就是直接把别人的视频进行二次加工，行话叫"混剪"，靠量赚平台的流量。

我从一开始就苦哈哈地做内容。做一个视频，从选题、找素材、写大纲到初稿，差不多需要三五天时间，剪辑再花三五天，正常需要一周左右。同行一周估计能发几百条视频，我们只能发一条。

抄谁不会啊，但我当时坚定地认为，做内容是一条很远的路，走捷径当下会很轻松，但只要走了捷径，谁还愿意苦哈哈踏实地做深度内容呢？所以，我们从一开始就没有批量做账号。结果，遇到平台整顿，批量做账号的公司全线"阵亡"。而我反倒拿到了平台签约，越活越滋润。

容易的事，前期做着容易，后期会越来越难。难的事情，前期做着难，后期会越来越简单。如果你决定走远路，建议一开始就做难事，难到同行都不愿意做。只要找到了窍门，就会形成自己的技术壁垒。同行就算是想抄，也会被前面的门槛挡住。慢慢地，这条赛道的竞争对手会越来越少，而你则会越做越轻松。

三、 资源壁垒

资源壁垒有两类，一是人脉圈，二是产地资源。下面将一一讲解。

01 人脉圈

忠门木材帮最早是莆田忠门乡下人为了混口饭吃，卖蒸笼的。后来，慢慢地接触到木材。莆田人喜欢老乡抱团，于是，大量莆田忠门人跑到全国各地批发木材，垄断了这个行业。

北高珠宝帮的情况也类似。1902 年，15 岁的祖师爷张阿罕，只身到香港学习金镶玉的手艺，学成以后就拉着一帮北高老乡开始闯荡全国，只要有一个人在一个地方站稳了脚跟，就会叫其他老乡过去一起发展。发展到现在，全国前十大黄金首饰品牌加盟店，大部分是北高人开的。

另外，全国有十几万个加油站，里面小一半的民营加油站是莆田仙游人经营的。

以前的晋商、华商能走得远，就是因为建立了以老乡会为信任基础的人脉圈子，有福同享、有难同当。例如，电视剧《温州一家人》里的周阿雨，只身到欧洲发展，想开饭店，可手上没有资金。当地的温州老乡知道后，虽然不认识周阿雨，但愿意借钱给她。而且，利息通过抽签决定，有没有都不在意。这种事，换成其他地方，别说不认识了，就算是亲戚，你说创业想借点钱，都不一定能借到。为什么温州老乡愿意借呢？就是因为他们看懂了人脉资源形成后的垄断利润。

02 产地资源

著名的椰树牌椰汁年销 50 亿元，畅销了 30 多年。为什么能红这么多年？原因在于椰树牌椰汁垄断了国内新鲜椰子的原料资源。

其他品牌要么选择以高价从东南亚进口新鲜的椰子，要么进口椰浆。而椰浆做出来的椰汁，跟天然椰汁的口感没法比，后期需要大量的工艺并用添加剂来改善口味。这样一来，同行没办法跟椰树牌竞争。

之前有椰牛、椰国几个品牌想打入椰汁的市场，但是，它们要么口感能做到跟椰树牌不相上下，但价格太高，与椰树牌不在一个价格带竞争；要么虽然在一个价格带竞争，可口感差，完全不是对手。

椰树牌椰汁通过垄断产地资源，形成了竞争壁垒。同样的手法，在餐饮行业也经常被使用。比如前文讲过的云南菜的头部——云海肴。云海肴为了汽锅鸡这一道菜，专门在云南组织供应链，养殖当地的铁脚麻鸡。为什么这样做呢？因为餐饮行业同行之间抄产品创意的太常见了。今天你家出了一个新菜卖得不错，明天就有可能出现在对手的店里。如何不让人抄呢？最好的办法就是从食材入手，谁想抄这道菜，先得建立一条原材料供应链。又如，巴奴为了一个小小的毛肚，跟高校合作开发新技术，从新西兰进口食材。它们如此注重食材，只有一个目的，那就是建立竞争壁垒，让同行无从下手，只能干着急。

大圣点拨

企业要想走得远，就必须建立竞争壁垒。下面整理了三种壁垒打法。

（1）成本壁垒

不是一上来就拼产品成本，而是从客户的决策成本和转化成本入手，在外围打造竞争壁垒。换一套成本思维的逻辑，琢磨清楚自己的长板，调整成本结构，根据想要建立的壁垒投入成本。

（2）技术壁垒

建立技术壁垒有两个思路，一个是做小事，另一个是做难事。做小事主要是跟行业头部避开竞争，选一个有前途的小点切进去，逐渐形成自己的技术壁垒。哪怕头部想跟你竞争，在这个小点上也不见得拼得过你。要坚信，做难事必有所得，容易的事情，前期做着容易，后期会越来越难；难的事情，前期做着难，后期会越来越简单。

（3）资源壁垒

莆田的垄断就是靠发展资源壁垒，一步步地打造了属于莆田人的人脉圈。产地资源壁垒是直接从源头形成垄断，不一定非得垄断多大的市场，只要在几个小品上形成垄断，就能打造出属于自己的竞争壁垒。

杠杆思维:

创业过程中以小搏大,
抓住这三个关键点

用一块钱赚一块钱，不叫做生意；用一块钱赚一百块钱，才是创业正确的打开方式。那么，怎么用一块钱赚到一百块钱呢？核心是用杠杆思维。我总结了杠杆思维中以小博大需要抓住的三个关键点，分别是抓住关键资源、抓住关键要素、抓住关键客户。学会任意一种，都能让你用一块钱轻松赚到一百块钱。

一、抓住关键资源

资源对于企业而言是至关重要的，资源有资金资源、人脉资源、人才资源等。要善于整合并利用身边的资源，根据不同的资源，采取不同的方式，在竞争中占据有利位置。

01 资金资源

资金是企业生存的源泉，企业创建时需要资金，运营过程中更需要资金。有很多企业就是因为资金链断裂而倒闭的，可见足够的资金才能保证企业顺利运转。资金的获取有很多种方式，除了个人资金、家人朋友的资金，还可以从银行借贷、外部融资等，要善于利用身边的资源获取资金。

互联网流量圈有家公司叫群响，群响的老板刘思毅北大毕业，在资方做了没多久，就出来创业。虽然时间不长，但至少接触到了资方，他的第一笔投资就来自业内几个有名的资方，如梅花创投、红杉中国等。

02 人脉资源

美国斯坦福研究中心曾经发布过一份调查报告，结论指出一个人赚的钱，12.5%来自知识，87.5%来自人脉。对于企业来说，人脉的价值是无可限量的。企业发展所需要的原材料、行业技术、市场信息、获客渠道等，无一不是被人掌握的。人脉资源越广，机会也就越多。

我认识一个做工业污水处理的老板，他利用自己的人脉资源，联合高校教授，每年定期在上海举办声势浩大的行业新技术发布会，出售新技术的使用权和合作权。一场发布会中，只要有一小部分人购买，就能维持企业好几年的运转。

03 人才资源

无论是大公司还是小公司，人才对企业的发展都起着至关重要的作用，尖端人才更是未来强有力的竞争力。

很多企业会花大量的时间和精力寻找优秀的人才，比如华为，求贤若渴，面向全球高薪招募天才少年做研发。在一次采访中，任正非曾说："华为的一个俄罗斯小伙子，啥都不干，连恋爱都不谈，整天对着电脑研究数学。然后突然有一天他说，把2G到3G的算法突破了。"正是这个突破，帮助华为超过该领域的巨头爱立信，拿下了沃达丰订单，横扫欧洲，走向世界。像这样的科研人才，在华为还有很多。正是因为有了这些人才的加入，华为才能在之后的4G、5G领域步步领先。

每个企业的情况不同，资源肯定不一样，原则上有什么资源就用什么资源，千万不要舍近求远。别人有的资源你不一定有，别人能轻易得来的资源，你可能要费尽千辛万苦。有这个时间，还不如把自己的资源好好研究一下，最大限度地利用现有的资源。

 抓住关键要素

如果抓住了关键要素，那么微小的改变就能给公司带来巨大的变化。

20世纪70年代，全球出现了能源危机，荷兰政府开始重视能源的使用。当时荷兰做了一个统计，在同一个地区，有些家庭的用电量只是其他家庭的三分之二，但大家用的电器差不了多少，为什么会这样呢？最初荷兰政府以为有什么用电小秘诀，或者有人偷电。后来调查完才发现，原因很简单。用电多的家庭，电表全装在地下室，人们平时看不到；用电少的家庭，电表装在门口，每天进出门，只要家里用电，电表上的数字就会噌噌往上涨，时刻提醒用户省着点用。只是这么一个小小的差别，用电量就差了三分之一，这就是改变关键要素给结果带来的改变。

企业运营也一样。拿我的公司来说，从决定全线转战到抖音开始，做了半年，并没有什么突破，除了一条视频"爆"了，涨了十万粉丝，其他的完全比不了同行。问题出在哪儿？同样是字节跳动的应用程序，在今日头条能做到签约，为什么在抖音就不行了？是因为内容太差，还是因为不懂抖音规则？之后我又试了很多种方法，如压缩时长、调整选题、改变表达方式，但都没什么效果。直到我做了两个关键调整，抖音的流量突然就起来了。哪两个呢？第一，选题下沉，以前主要讲老板感兴趣的赚钱系列，现在虽然也讲赚钱，但更多地倾向于普通人，更接地气了。第二，主抓五秒完播。以前的稿子主要把时间花在整篇内容上，现在把80%的精力放在了前五秒，保证五秒完播率在60%以上。小改动撬动大改变，播放量直接提高了几十倍，就像找到了抖音流量密码一样。而这个密码，其实只是由几个小点组成的。

抓住关键要素听起来好像很难，但只要解决了其中几个小问题，很可能就会带来翻天覆地的变化。企业要做的，就是找到关键要素，然后去改变它。

三、 抓住关键客户

任何一门生意，种子用户很重要，很多公司就是卡在了第一波种子用户上。如何找到种子用户呢？核心就是抓住关键客户。

餐饮行业有家培训公司，现在应该算是行业的标准了。刚开始创业做培训时，因为没什么名声，该公司的业务一直做不起来，团队也就散了，只剩下老板A一个人。他找到一个做餐饮的客户，对客户说："我不收钱，只需要你管吃管住，我免费做服务行不行？"客户说："我是开餐厅的，吃住都方便，你要是觉得可以，我没什么意见。"A就一个人搬到了客户的员工宿舍，和服务员、厨师住在一起，开始给这家公司做培训，一做就是半年。结果，客户的团队确实有了变化，客户很满意。

餐饮行业是个小圈子，很多老板不是师兄弟关系，就是朋友关系，所以这件事很快就传开了。这家培训公司从这里开始有了第一批种子客户，业务也就慢慢做起来了。

悦近来远，抓住几个有实力的客户，用心服务好，就一定能在一个领域扎根。如果只在嘴上说没客户，却不用心服务眼前的客户，则无法打开局面。要抓住关键客户，除了用心服务关键客户，还可以设计利益机制。

有一家艺术培训机构，就是靠抓住了关键客户，半年裂变了十几家分店。这家培训机构主要做下沉市场，因为老板发现，下沉市场的高端客户有个特点，不管这个地方多大，彼此之间即便不熟，起码也认识。老板就利用这个点，在第一家店的家长中发起联合创始人，开了第二家店。这样做有三个好处：第一，联合创始人肯定要入股，能解决一部分资金压力；第二，选的家长全是喜欢交际、人脉比较广的，能解决第一波学生问题；第三，这些家长在当地多少有点背景，方便解决一些琐事。这一通操作下来，虽然利润分出去了，但是老板发现，新店的成功率比之前翻了一番。

大圣点拨

用一块钱撬动一百块钱，有三种方法。

（1）抓住关键资源

根据手上的不同资源，打不同的牌。千万别舍近求远，看别人的业务模式好，就去抄袭。要先把自己的资源研究好，最大限度地利用现有的资源。

（2）抓住关键要素

关键要素不见得多么高大上，很可能只是一两个很小的改善点。比如我做抖音，只是改善了选题并主抓五秒完播，就让播放量提高了几十倍。

（3）抓住关键客户

抓住关键客户的核心是悦近来远，先把眼前的客户服务好，有了1，自然就会带出后面的一串0。

CHAPTER

06

| 第 6 章 |

持志：领悟强者心法

守护可以帮你赚钱的内心力量

　　盈利的第六个节点是持志。所谓持志，就是守住初心、保持斗志，在赚钱这条路上勇往直前。那么老板如何才能持志呢？在这一章，我将分享三个思维，分别是三观思维、反脆弱思维和影响圈思维，帮大家找回赚钱的原动力、守护内心的力量。

三观思维:

找到你的
赚钱原动力

一个人的三观决定了一个人的未来；同样地，一家企业的三观也决定了一家企业的未来。这一讲，我用三步告诉你，创业者如何用自己的三观去吸引和影响一群人，并最终成就一番事业。

一、老板先厘清自己的三观

看一个人的三观，不要听他怎么说，而要看他怎么做。例如，看他选什么样的配偶。因为配偶的选择，是一个人三观最好的体现。

你是什么样的人，就会吸引什么样的人。字节跳动创始人张一鸣的老婆比他还理智，二人领了证，既没有办婚礼，也没有拍婚纱照、度蜜月。有一次，张一鸣参加完一个朋友的婚礼，很受感动，回到家就跟他老婆说："咱们也办个婚礼吧。"结果，他老婆却说："等有了孩子一起办吧，省事儿。"

这两个人是不是理智得有些无趣，一点也不浪漫？但他老婆是非常好的人生合伙人。张一鸣刚开始创业时，遇到了很多问题，经常谈融资谈到失声，或是和团队出现巨大争端，沟通不下去。这时候，他老婆就成了他最好的沟通对象。他老婆跟他讲安迪·格鲁夫的故事，说格鲁夫早期创业，虽然自己很懂管理，但还是有两个优秀的合伙人，一个是科学家，另一个是融资的高手，这让张一鸣很受启发。

另外，作为程序员出身的老板，张一鸣很容易在创业前期跑偏，陷入自己喜欢的代码里。他老婆就提醒他，不能只写代码，老板还有很多其他的事情要做。

张一鸣曾经转发过一个情感博主的微博，从中可以看出他的择偶观："如果不把女朋友发展成知己、发展成玩伴、发展成同类、发展成战友，而只是把她单纯当作一个漂亮萌妹子，宠着、疼着、怜爱着，是没有长久发展的可能的。"

了解了张一鸣的择偶观，再来看看字节跳动的愿景、使命、价值观，就能清晰地感受到张一鸣作为一个创业者的三观了。

愿景：成为全球协作与交流平台。

使命：激发创造，丰富生活。

价值观：始终创业、多元兼容、坦诚清晰、求真务实、敢为极致、共同成长。

总结起来就是：极度务实，目光长远，包容共生，终身成长。

二、统一老板和团队的三观

老板是什么样的三观，自然就会吸引来什么样三观的员工。企业文化说到底就是老板三观的反映。但是有很多老板的个人三观很有魅力，却带不出厉害的团队，原因就在于没有统一老板和团队的三观。统一老板和团队的三观，听起来是一件很困难的事情。人上一百，形形色色，每个人的三观都是在过往几十年的人生经历中逐渐形成的，怎么可能到一家公司之后，就被一个人强行统一呢？不是越想改变别人，对方反抗的力量就越强吗？

统一老板和团队的三观，并不是强行给员工"洗脑"，而是帮员工梳理自己的人生方向，在帮员工实现人生目标的同时，完成公司和个人的统一目标。整个过程并不复杂，只需要回答六个问题，前三个是需要员工回答的，后三个是需要团队回答的。前三个是：① 我是谁？② 我要往哪里去？③ 为此我要做出什么样的改变？后三个是：① 我们是谁？② 我们要往哪里去？③ 为此我们要做出什么样的改变？

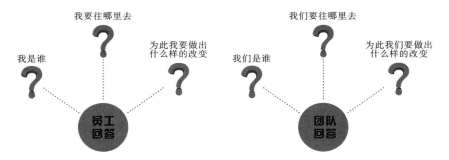

下面以餐饮公司为例，先回答关于员工的三个问题。

① 我是谁？我是服务员。

② 我要往哪里去？升职、加薪、当店长。

③ 为此我要做出什么样的改变？店长需要懂经营，会团结员工、维护客户。

那么你在目前的这个岗位上，能不能把这几点做好呢？暂时不懂经营没关系，可以先团结同事，服务好客户，这就是你要做出的改变。

然后回答关于团队的三个问题。

① 我们是谁？要回答这个问题，得有清晰的市场定位，比如定位成女性养生火锅店。

② 我们要往哪里去？就是公司的发展战略，未来是要开更多的店，

还是往上走，转型做供应链？方向决定了后续一系列的资源配置问题。此外，还要考虑外围竞争、市场存量、自身优劣势等问题。方向不对，努力白费，这一步至关重要。

③为此我们要做出什么样的改变？如果要开出"千城万店"，那么从现在开始就要储备人才，提前布局优质市场，打通上游供应链。

通过这个例子，你会发现，个人想成长和公司要发展这两件事，其实已经统一起来了。当然，关于团队的三个问题是要老板自己回答的，这些是关于公司战略的问题。若老板想不通，其他人想通了也没用。而老板想让公司成为什么样，完全取决于他的三观。到这一步，若团队上下一心，公司内部基本就理顺了。接下来就要用老板和团队的三观影响力去市场中盈利。

 三、用老板和团队的三观去影响其他人

胖东来有多火？它开在哪里，哪里的同行就得搬走。1995 年，胖东来到新乡时，新乡已经有一家在河南做到第一的台企丹尼斯了，还有一家是世纪联华，也是行业头部。当时大家都不看好胖东来，没想到几年之后，丹尼斯关门，世纪联华卖给了胖东来。后来沃尔玛不服气，进军新乡市场，结果熬了几年还是没撑住，也关门了。

最不可思议的是，胖东来有段时间传出关店的消息，新乡上万市民不愿意胖东来关门。要说胖东来的东西便宜吧，也不便宜，但客户就是认胖东来，贵也愿意买，没别的，原因就是胖东来的服务好。有多好呢？这里举例说明一下。

一般的商场，购物车为了摆放方便，通常只有一两种，而胖东来按照不同客人的需求，设计了七种。每一种上面都有很多小心思。例如，老年人专用的购物车，不仅有板凳，还有放大镜，方便老人看字。胖东来会按照香蕉的颜色分好类，告诉你哪种口味最好，哪种能放得久一些。如果你去一般的店里买榴梿，就跟开盲盒一样，搞不好里面全是空的。但在胖东来就不会出现这种情况，不仅开了以后可以退，还可以先尝后买。

类似这样的细节太多了，以至于有客户"抱怨"，胖东来把他们宠坏了，去没有胖东来的地方买东西，都没办法适应。

那么，问题来了，胖东来的老板于东来用了什么办法让员工这么用心？说起来也很简单，就是用自己的真诚影响员工。胖东来的企业信仰是爱和自由。先说自由，怎么让员工自由呢？在商场工作的员工，工作性质特殊，越是节假日越忙，你让员工自由了，公司怎么赚钱呢？于东来可不是这么想的，他认为员工到胖东来上班是为了过上幸福的生活，钱可以少赚，但不能影响大家的幸福生活，不休假怎么行？于是胖东来强行安排员工休假。店助以上年休90天，每年至少安排两次为期20天的长途旅行，每个月安排许昌以外5天的休假；处长、处助全年60天的休假，每年至少安排一次为期20天的长途旅行；课长全年40天的休假，每年至少安排一次为期20天的长途旅行。即使这样，于东来还希望未来能让员工每天的工作时间变成6个小时，休假天数延长。

胖东来对爱的表达就是发钱。早在1996年生意刚起步时，胖东来的员工一个月就有1200元的收入。要知道，那个时候一万元能在农村盖好几间房。这么多年来，胖东来的员工待遇在河南零售行业一直是前列。胖东来不仅拿出真金白银让利给员工，在管理权上也实实在在地放权。近十年，胖东来的经营策略一直是"弱总部强门店"。所以，你会在胖东来看到中国商界最感人的一幕，在生鲜区很脏的地方，两个阿姨一个跪在地板上拿着毛巾擦地，一个拿着扇子扇干，两个人说说笑笑的，就跟为自己孩子准备新房一样高兴。你问她们是老板要求你们跪在地板上擦地的吗？她们回答，不是。那为什么要这样做？她们会回答，这样擦得干净。而这一幕，在胖东来随处可见，客户都习以为常了。

老板先用真诚影响自己的员工，员工之间再互相影响，从而形成了企业文化，最后客户自然而然地也受到了影响。

大圣点拨

老板要想用自己的三观成就一番事业，需要分三步走。

（1）老板先厘清自己的三观

自己的三观正，才能吸引到三观正的团队和其他人。

（2）统一老板和团队的三观

不是强迫团队听自己的，而是要成人达己，在帮员工实现梦想的同时，让大家利出一孔。

（3）用老板和团队的三观去影响其他人

谁的服务好，谁更让人放心，客户便会选择谁。你用怎样的三观应对世界，世界就会怎样回馈你。

反脆弱思维:

如何在不确定性中赚到钱?

老板大致可以分为三种。

第一种是"玻璃球"老板。大多数刚创业的人就是这种，没什么社会经验，遇到一点事儿就跟天塌下来似的，内心脆弱得一塌糊涂。

第二种是"铁球"老板。在社会上摸爬滚打多年，早已练出铜皮铁骨，刀枪不入，一般的"牛鬼蛇神"根本不放在眼里。

第三种是"弹力球"老板。"铁球"老板虽然厉害，但反弹能力差。创业遇到低谷期是大概率事件，真正厉害的，不是看他巅峰时有多辉煌，而是看他在低谷时的反弹力。例如，我们熟悉的任正非、褚时健、史玉柱，都是于低谷时反弹力很强的人。很明显，"弹力球"老板更能赚到大钱，他们都具有反脆弱体质。

这一讲，就来聊聊反脆弱思维。我总结了三个实用的方法，分别是改变认知，认清人生无常是常态；主动求变，自己打破自己；拥有稳定的基本盘和现金流，帮大家把自己打造成"弹力球"老板。

 一、 改变认知，认清人生无常是常态

世界是混沌的，生命是偶然的。几亿个"小蝌蚪"竞争一个卵子，最后胜出的那个"小蝌蚪"并不一定是最强壮的，只是时机正合适。商业世界更是偶然，在普通人的眼里，商业是线性的，一分耕耘，一分收获，付出越多收获越多。然而事实并不是这样的，商业就是一个有着巨大不确定性的博弈游戏，所有人赚的钱，都是从不确定性中来的。

我有一个朋友，早些年喜欢玩户外运动，对户外的认知和热爱，比一般人深得多。当时他立下豪言壮志，要把爱好变成职业，发誓做出中国最有个性的户外运动品牌。可几年过去了，他却亏得一塌糊涂，家里人劝了他好几次，他家老爷子甚至说，只要他不做户外，回家躺床上什么都不做也行，最起码不赔钱。

人的创业激情是有限的，热爱归热爱，最后还得面对现实。所以，我这个朋友思考了很久，最终决定不做户外了。就在这个时候，新型冠状病毒感染暴发了，玩户外的人少了，露营却火起来了。与户外相比，露营的复购率更高，老带新更容易。例如，刚开始玩露营，大家肯定不会买太多相关用品，也就买几把椅子、一个帐篷。但玩过几次后，发现别人都是精品露营，各种烧烤用具、娱乐设备都有，升级设备就是很顺理成章的事。玩露营的人，大多数会发朋友圈，他们的朋友看到后也想玩，老带新也就来了。而且，户外运动比露营难多了，我的朋友做露营就是降维打击，再加上赶上了露营这波风口的红利期，他直接就发了。如果问他，怎么赚到钱的？对不熟悉的人，他一定会谈自己的天赋和在户外上的辛苦付出；对熟悉的人，他便会说，还能是什么？是运气呗。

通过这个案例你会发现，赚钱存在偶然性，并不是你努力了，就一定有结果，运气有时候比努力更重要。所以，要想成为"弹力球"老板，先得改变认知，认清人生无常是常态这个事实，增强自己的反脆弱意识。

■二、 主动求变，自己打破自己

我有个做互联网创业的客户A，他的创业心得是，永远别让自己活得太舒服。他最开始做淘宝电商，做得还不错，抖音刚出来那会儿，他告诉自己，做生意一定要坚持长期主义，不能三心二意，老追热点的话，就没办法形成护城河。但后来他说，错过抖音第一波红利，至少损失几千万元。很多人打着长期主义的旗号，其实是给自己的懒惰找借口。

A的一个朋友B从2020年初开始在抖音开店，一开始也没什么起色，直到当年11月抖音出了猜你喜欢后，手上的两个店莫名其妙就"爆"了，立马引起了B的重视。B把淘系店群的玩法复制过来，没过几个月，单月利润就破了500万元。

A虽然嘴上说这都是运气，但还是看着眼红。所以，他也开始在抖音开店，巅峰时，同时做了上百家抖店。先是做了一个小吃培训号，有几十个"粉丝"，就变现了几千元，后来三千多"粉丝"时赚了几十万元。当然，也有失败的，比如做抖音小店无货源时，十个店全线阵亡，还被罚了几千元。但因为这次破圈，他从淘系的圈子走了出来，看到外面的世界居然这么大。

经历了这些事，A开始拥抱变化。他在公司专门留出10%的团队，每天测试市面上的新项目，不要求一定有结果，但必须养成对市场变化的敏锐洞察力。以前他总觉得自己很厉害，可以"呼风唤雨"，后来发现自己其实就是一根草，平台的流量风口吹到哪儿，他这根草就要往哪里倒。商家是拗不过平台的，在平台面前，商家能做的只有一件事，就是比同行更早地洞察到风口转向，第一时间以最舒服的"姿势"切过去。想通了这些，A将淘系变成了公司业务的一部分，抖音、快手、小红书、TikTok，一个个新业务都起来了。随着路越走越宽，他越发意识到自己以前的无知。

人就是这样，对于不熟悉的领域，会很自然地撑起保护伞，把自己裹起来，但是创业过程中需要坚持的就是主动求变，自己主动打破自己。如果真等到外界过来敲打你的时候，可能就来不及了。

三、拥有稳定的基本盘和现金流

新型冠状病毒感染严重期之后，我最大的感受就是，基本盘和现金流对于公司而言特别重要。以前我总想着加杠杆，把公司收益最大化；现在觉得，先存活下来才有后面的发展。因为如果没有稳定的基本盘和现金流，人就很容易犯低级错误。

我有一个朋友，原来做美的代理。后来美的把全国代理的权限收回了，所有的代理商变成了服务商，只提供服务，货款和商品全由公司统一安排，代理赚不了差价了。所以，我这个朋友就失业了。他的状态在一两个月间发生了翻天覆地的变化。做美的代理的时候，手上有几个市场，基本盘是有的，现金流也充足，虽然有点欠款，但日子过得还不错。失业后，一下回到"解放"前，刚开始的几个月还行，正好休息一下，这么多年也没好好休息过。可过了没多久，他就受不了了。一方面，生活压力让他根本停不下来；另一方面，人总得做点事，因为不做事比做事更难受。

这个时候，他就想找一个新项目做。当时还是比较理性的，毕竟有那么多年的社会经验，对项目还是有基本的判断力的。结果，家里出了状况，花了一大笔钱，生活一下子就拮据了，他开始慌了，到处看项目，最后选择了"共享女友"这个项目。这个项目是新型冠状病毒感染暴发的第一年突然火起来的，最疯狂的时候，一个城市一天可以开上百家。他觉得赶上了风口，二话不说就开始做。这个项目主要是靠美团引流，最开始美团对新项目有流量扶持，后来突然就没有了扶持，流量少了，最后这个项目也就失败了。

之后他又陆续做了几个项目，都是当下比较火的新项目。看得出，他就是想趁着风口赚一把快钱，但越想赚快钱，越是赚不到钱，反倒是那些有基本盘和现金流的能够走得长久，这就是商业定律。

比如稻盛和夫的京瓷，即便经历了多次经济萧条，仍连续多年不亏损。秘诀就在于，稻盛和夫坚持公司必须有大量的现金储备，哪怕遭遇经济危机，公司三年没有一个订单，也照样可以给员工发工资。

"饥不择食，寒不择衣，慌不择路，贫不择妻。"肚有余粮心不慌，有底气才有拒绝的勇气，有资本才有选择的权利。

大圣点拨

老板大致分为三种："玻璃球"老板、"铁球"老板和"弹力球"老板。真正能赚到大钱的，往往是"弹力球"老板，因为"弹力球"老板面对低谷时反弹力更强，更有反脆弱的能力。那么，怎样才能修炼成"弹力球"老板呢？有以下三招。

（1）改变认知，认清人生无常是常态

创业赚的不是线性的钱，而是在巨大的不确定中获利。既然是不确

定的，就一定会有各种挫折和磨难。

（2）主动求变，自己打破自己

很多人打着坚持长期主义的旗号，实际上是在偷懒，躲在舒适区不愿意出去。如果你认定无常是常态，就会主动求变，并且在求变的过程中不断地打破自己，找到新的成长曲线。

（3）拥有稳定的基本盘和现金流

家有余粮心不慌，负债会摧毁大多数人的意志。在有条件的情况下，尽可能地稳定基本盘，并留足一年不赚钱也够花的现金，这是反脆弱最切实可行的办法。

影响圈思维：

如何让赚钱
自然发生？

一个人能赚到多少钱，是由他能够影响到多少人、有多少人愿意相信他，并且有多少人愿意购买他提供的商品或者服务决定的。毫不夸张地说，影响力决定一个人财富的天花板。那么，创业者如何才能提升自身的影响力，并且用影响力赚到钱呢？这一讲我们就来聊一聊影响圈思维，从而帮大家打造属于自己的财富影响圈。

一、先区分关注圈和影响圈

每个人都生活在两个圈里：关注圈和影响圈。

关注圈就是我们关注的事情，如社会热点事件、国家政策等。关注圈是我们了解世界的渠道，投入精力并不是什么坏事，只不过有些人把握不好度，过于关注这些事，才导致自己被关注圈控制。例如，刷抖音一刷就是好几个小时，本来计划要做的工作全被耽误了。如果总是这样，就是被关注圈给控制了。

影响圈就是我们影响别人，比如拜访客户、跟员工谈心、开直播、写文章等。

看上去好像很容易把两者区分开，但现实生活中，人们却很容易混淆。例如，参加饭局。参加饭局好像是为了影响更多的人，让更多人知道你，但参加多了，你是不是也有种被饭局牵着鼻子走的感觉？分不清到底是你在影响饭局，还是饭局在影响你。

总结起来就是，影响圈是你影响别人，关注圈是别人影响你。而你影响别人，分成以下三种情况。

01 直接影响

直接影响是指直接对事物或人产生影响。比如父母对孩子就是百分之百的直接影响。"龙生龙，凤生凤，老鼠的儿子会打洞。"对孩子性格形成影响非常大的是父母的言行。

又如，企业对员工也是直接影响。在工作日，员工一天中的大部分时间在企业中度过，企业直接对员工的工作和生活产生影响。宽松的企业环境可以激发员工的工作激情，让员工以积极、愉快的心情工作；而企业文化更可以潜移默化地影响员工的行为和习惯。

02 间接影响

间接影响是指我们通过其他事物或人间接对事物或人产生影响。比如前文提到的胖东来的管理者于东来，河南新乡人不可能都见过于东来，但通过他的员工和胖东来的服务，大部分新乡人认为于东来是个好人，平易近人、朴实善良、好相处，这就是间接影响。

经济环境通过市场需求和竞争等对企业的经营和发展产生间接影响；政策法规通过规范市场秩序、保护消费者权益等，对企业的经营和发展产生间接影响。

03 无法影响

例如，一个小实体店能影响的最多就是3公里内的客户，超过3公里就没办法影响了，这个时候就可以想办法扩大自己的影响力。

扩大影响力有两种方法。第一种就是做深。把小实体店的客户服务得足够好，好到大家愿意帮你宣传，尤其是 B 端业务，服务好一个标杆客户，后面就会带出一连串的客户。第二种是做宽。若没有能力做深，就把数量做上去，一家店辐射 3 公里，那么开十家店，30 公里内的客户就全是你的了。

拿餐饮来说，百年老店往往只有一家，而且很少开分店，就算开也很克制，因为老板很清楚，他的影响力是靠质，而不是靠量，一旦有量没质，就离倒闭不远了。而快餐连锁店喜欢做量，质只追求平均数，稳定大于一切。

弄清楚影响圈扩大的三个阶段

影响圈扩大有三个阶段，分别是低级影响力就是机会主义；高级影响力：能力不行，勤奋来凑；顶级影响力带来好运。

01 低级影响力就是机会主义

做生意最怕没有标签，别人不知道你是做什么的，怎么跟你合作。在创业市场里，这样的人很多，这些人就是典型的机会主义者，哪里有风口就往哪里跑，运气好的就赚点儿钱，运气不好的就喝西北风。跑来跑去，没有影响力的沉淀，永远没办法打造出稳定的基本盘，就跟浮萍一样，风餐露宿，四海为家。

02 高级影响力：能力不行，勤奋来凑

我服务客户的时候，见过很多公司一年也发展不了几个新客户，全靠老客户撑着业绩。虽然活得不容易，但生存不是问题。这类老板有一个共同的特点：在一个行业扎根的时间够久，天赋一般、资源有限，但因为从业时间长，认识的人多，所以接点活儿混口饭吃还是可以的。这种公司最后怎么破局呢？让所有人劲儿往一处使，不停地在一个方向持续发力，在这个点上积蓄足够的影响力，不做大，只做精，这样也是有机会破局的。

03 顶级影响力带来好运

做生意确实需要一点运气，而这份运气就是影响圈带来的额外收益。相信很多老板都遇到过某个月莫名其妙地多了很多订单的情况，你

问他订单是从哪里来的，他自己也不知道，这其实就是影响力带来的好运。公司在行业内做得越好，这种影响力就越大，而影响力最大的，自然是行业的头部企业。例如，你是全世界最好的深海捕捞公司，大家都知道你能去别人去不了的深海，即便是远至国外的客户，他们一旦有打捞需求，也会想方设法地找到你，因为这事只有你能做。这种意外而来的客户，就是被你在行业里的顶级地位吸引而来的。

多数人获得影响力的过程是从低级影响力阶段开始的，先大量尝试，反复试错，直到在一个点上有了正反馈。进入高级影响力阶段后，开始大量投入，在一个领域持续地输出价值，获得影响力。最后因为压倒性的投入，从行业里脱颖而出，成为头部，走到顶级影响力阶段。

到了顶级影响力阶段，你会发现，这种公司的老板，通常比较轻松，很少去公司却可以"躺"赚。想要走到最后一步，就需要从影响圈里的小事踏实地做起。

三、 再大的影响力都是从解决小事开始的

日航曾经是亚洲最大的航空公司，但在 2010 年，居然亏损了 144 亿日元，申请破产保护。由于日航在日本的特殊地位，首相亲自邀请稻盛和夫出山，振兴日航。这一年稻盛和夫已经 78 岁了，没接触过航空行业，最后却只用了 8 个月就让日航扭亏为盈，并且成为当时全球航空公司中业绩第一的公司。这是靠充分发挥每个人的影响力实现的。

首先是发挥他自己的影响力。稻盛和夫是日本的"经营之神"，有

自己的山门——盛和塾。他以盛和塾的名义印了55万张卡片，发给盛和塾的会员和亲朋好友，希望能够得到他们的支持。有大量的学生为了支持老师，携带家眷专门坐日航的飞机。当然，这样做并不能真的救活一家公司，但至少可以让日航的员工看到一些希望。

然后，稻盛和夫在日航内部用自己的影响力去影响所有人。从高层开始，部长以上的高管一百多人，每个人至少一个小时的一对一谈话。为了让大家敞开心扉，他居然搞起了中年大叔聚会，一群高管和他围坐在一起，几瓶啤酒，几碟寿司，边吃边聊。聊完效果很好，有人开始主动向全员检讨自己的错误，希望稻盛和夫给予支持。稻盛和夫亲自给高管讲经营哲学，内容就是他常说的六项精进。高管有了改变，开始带着中层学习；中层有了改变后，又带着基层学习；基层有了改变就会影响到客户。

日航以前的服务是出了名的差，现在为了提升服务质量，员工一致决定，每次登机完，由乘务长致欢迎辞，并站在乘客面前鞠躬行礼。乘务人员从最简单的提高送水的效率开始做起，随时观察客人的需求。机长和其他相关工作人员以秒为单位严卡时间，提前做好各项起飞准备工作，很快日航的准点率就做到了全球第一。有时被迫推迟起飞，日航也会不惜增加燃油来加速飞行，以保证飞机能准时落地。这样做，从表面上看是损失了一些利润，但留住了更多的客户。

当时为了节约成本，稻盛和夫提倡每日减重500克，让工作人员上飞机的时候少带点东西。这是一件很小的事，却因为这件小事，帮日航省出了几百亿日元。以前没有抹布了，公司肯定会买新的，自提倡节约成本后，有人提出向全体员工征集家里的旧衣服，改成抹布使用，只这一项，每年就能节约 100 万日元。钱就是从这些不起眼的地方一点点省出来的。

很难想象，一个人对一群人的影响会产生这么大的能量。但一切的起点，不过是一张卡片、一次茶话会、一块抹布，最后却救活了一家企业。

大圣点拨

影响力决定人生财富的天花板，怎样才能拥有更大的影响力呢？有以下三点。

（1）先区分关注圈和影响圈

很多人容易把影响圈和关注圈混淆，区分它们最简单的办法，就是看你在影响别人还是别人在影响你。

（2）弄清楚影响圈扩大的三个阶段

顶级影响圈会有不请自来的好运；高级影响圈会让你活得长久；低级影响圈跟风走，随时会被吹倒。而影响圈的扩大路径正好反过来，先找机会；有了机会后，在一个领域持之以恒地投入；最后因为压倒性的投入，从同行中脱颖而出，获得行业的顶级资源和运气。

（3）再大的影响力都是从解决小事开始的

稻盛和夫最厉害的地方，不是他做了两家全球 500 强公司带来的影响力，而是他能从很小的影响点做起，逐步去影响所有人，四两拨千斤，以点带面。

CHAPTER

第7章

活用：玩转操作手法

　　盈利的第七个节点是活用。要赚到钱，最终靠的是活用，以及你对人、事的敏锐把握和灵活操盘。想要赚钱，就要不断深入地理解人、事，以及人与事之间的关系，而盈利思维地图，就是一份帮你深入理解以上这些的认知地图。如何才能用好盈利思维地图呢？在这一章，我将分享三个思维，分别是破局思维、组合思维和迭代思维，从而帮助大家更好地利用这份盈利思维地图。

破局思维:

赚钱不是全面开花,
而是单点爆破

创业一定要先活下来，再谈发展，相信这是所有创业者的共识。但创业一定会遇到困局、危局和卡点，怎样快速破局呢？这一讲我们就来聊聊破局思维。下面总结了三种常用的破局方法，分别是小机会破局、特殊操作破局和长板破局。

 小机会破局

我在创业之前，特别相信"风口飞猪"理论，认为只要抓住风口，就一定能成功。但现在我创业后反而更看好小机会。这里说的小机会，指的是你发现了一个小方向，然后通过测试认为可行，最终投入压倒性资源，这种项目大概率会成功。

2018年9月，抖音第一次测试，推出了POI，即兴趣点。例如，你是开饭店的，拍了个视频，在视频上挂了门店的POI。其他人刷到这个视频后，对你的店感兴趣，就有可能点击视频下面的链接，进入信息页，了解门店位置、优惠券等，从而给门店导流。这个操作现在已经很常见了，但在2018年，做的人并不多，并没有形成商业化。

我的一位朋友发现，挂了POI的视频，抖音会推送一部分免费的本地流量，让方圆几公里内的用户都能刷到。就算是新号，在当地热门地区和景点下发布作品并带POI，流量也比正常号大得多。他觉得这是个机会，于是切入了本地生活服务赛道。前期的做法也很粗糙，找人设计了一种霸屏技术，可以借助私域，通过矩阵批量分发，从而获取大量的免费流量。紧接着官方推出了爆店码，客户只要扫抖音二维码，就可以自动转发短视频到自己的账号上。我的朋友抓住了这个机会，通过给商家带流量收取服务费。一般一家收几千元，最多的时候，一个月卖了几千份。

之后，官方升级了几次本地生活服务，推出了城市合伙人，其实就是让一个代理商垄断一个区域。行业一旦规范化，新手就彻底没机会了。但我的朋友也跟着迭代了自己的服务模式，从最开始的推流找达人，演变成现在的"爆店码＋AI云混剪＋事件营销"。给大品牌提供全案服务，服务费为20万～50万元。因为大客户有固定的营销节点，也愿意在服务上投入，所以现在的业务模式基本上稳定下来了。

现在回过头来看，他在创业过程中，最早破局的切入口就是常人最容易忽略的小机会。他就是利用这个小机会，一点点展开，最终成长为这个行业的头部服务商。

二、 特殊操作破局

慕思床垫之前因为广告上老是出现一个外国老头儿而上了热搜，全网都在问，这个人到底是谁？很多人还以为这个老头儿是欧洲哪个国家的专家。慕思也有意无意地暗示大家，老头儿是从法国请来的睡眠专家。为了这事，证监会还特意问询了慕思床垫公司。但结果是，那个人只是个普通的老头儿，只是长得像专家而已。

那么问题来了：慕思为什么要这么做？要知道，慕思可是国内高奢床垫的头部，年营收几十亿元，一个床垫最高卖4万多元，有必要找个普通的老头儿吗？这事儿还得从2009年说起，国内家具品牌早年起家时，清一色儿地模仿欧洲货。当时家具主要分为三类：现代简约、中式和欧式。卖得最好的是欧式，因为那个时候人们文化不自信，普遍认为高端家具，欧洲的最好。所以，慕思和它的同行都标榜自己是欧洲品牌，最开始慕思的宣传语就是"创始于1868年"，老是把"法国皇家品质"挂在嘴边。2011年，央视曝光了"达芬奇"等假"洋品牌"之后，消费者意识到，原来市面上的很多欧式家具品牌都是本土假冒货。这件事对家具行业影响很大，尤其是慕思这类标榜自己是欧洲品牌的企业。这之后，慕思不再宣传自己是法国品牌。

可问题是，虽然央视报道了市面上的欧洲品牌家具基本上都是假的，但人们还是喜欢买进口货，需求还是存在的。其他同行不敢出头，老老实实改回了原产地。同时为了展示品牌实力，大家开始扎堆请港台艺人代言。这也是为什么现在的家具品牌特别喜欢用艺人代言的原因之一。当然，不管怎么折腾，肯定还是纯正欧洲品牌更吃香，同样的货，本土品牌的价格就是卖不过"洋品牌"。

慕思不甘心跟同行一样，决定玩一把不一样的，于是悄悄地把代言人换成了洋老头儿。然后，什么话也不说，故意弄得不清不楚。其他同行恨不得让全天下人都知道他们请的代言人是谁，而慕思的洋老头儿，除了一张照片，什么也查不到，甚至连"品牌代言人"几个字都没有出现过。有意思的地方来了，虽然慕思什么也没说，但所有人都认为这个洋老头儿就是慕思的代言人，而且一看就是纯正的法国专家。你瞅瞅，标准的高卢人长相：深眼窝、高鼻梁，连胡子都长得那么有品位。制造出来的形象就是：慕思就是法国高端品牌。直到近几年，人们才开始质疑慕思广告上的老头儿是做什么的。慕思想上市，报送资料之后，证监会监管上市部门为了搞清楚它的定位，发了近 30 份回馈追问，才将真相公之于众。

听起来是不是有点荒唐？但这种操作确实好用。慕思在提交上市申请前三年，也就是 2018—2020 年，营收从 31 亿元涨到了 44 亿元，利润更是从 2.16 亿元暴涨到 5.36 亿元，实实在在地赚到了钱。家具行业一般只有 35% 的毛利率，而慕思的毛利率一直维持在 45%～55%，可见洋老头儿带来的品牌溢价有多高。由此可见，有时为了破局，特殊操作往往能达到意想不到的效果。

三、 长板破局

同行竞争，拼的不是谁的能力更全面，而是谁能把自己的长板发挥到极致。

我有一个朋友 A，做财税咨询。印象里，财税咨询行业获客的模式主要是渠道转介绍和老客户复购，也有人做抖音或者靠电话营销（简称电销）获客。但我的朋友说，他们在甘肃下面的一个县城，成立了一个 50 人的电销团队，而公司总部却放在了西安。我一听就傻了，这是什么操作？电销团队和公司分开，不但管理鞭长莫及，客户衔接也是个问题。

他说他们这一行最难的是获客，公司付出成本最多的也是在获客上。他是做电销起家的，虽然大家都说现在没人接陌生电话了，电销行不通，可只要量大，还是有单子的。做电销要考虑成本和人效。他发现，如果把电销团队放到西安，成本太高。虽然好管理，可从西安招到的人，想法太多，而电销需要的是听话、照做的员工。甘肃就很好，在西安招一个员工的钱，可以在甘肃招两个，而且后者工作卖力，没有太多小心思。至于管理，可以让一个合伙人驻扎在甘肃，A 自己再多跑跑。反正甘肃离西安也近，客户对接问题也好解决，大不了重新梳理一下流程，把关键节点把握好，问题就不大。

打破了地域限制后，公司越做越大。他们现在在全国各地开课，要集中利用哪个城市的资源，就在哪个城市开课。在课程现场就能成交后端的咨询项目和其他产品。这一圈走下来，他们发现，比起做抖音、给渠道分佣，这种模式赚得更多。

但我的另一个朋友 B 却对这套模式嗤之以鼻，他觉得一个公司有几十个人，一个月才那么点业绩。他只需要五个人的抖音团队，就能做出两倍的业绩。

两个人谁对谁错？在我看来，都没错。创业就是这样，大家虽然在同一个行业面对同一群客户，甚至产品和营销流程都大同小异，但每家公司的擅长点不一样。你擅长抖音获客，你就做好你的抖音；我擅长电销，我就做好我的电销。只要有结果，过程怎样不重要。

不要羡慕别人的操作手法有多好、多方便，因为别人适合的，你不一定适合，只要踏踏实实地发挥自己的长板，做好了一样能赚到钱。

大圣点拨

创业一定会遇到各种困局、卡点，甚至是危局。怎么破局呢？这里提供三种方法。

（1）小机会破局

这里说的小机会，不是大家都能看到的机会，而是你在实战中，无意间发现的小爆发点。把这个点放大，就能切入一个大赛道。

（2）特殊操作破局

和同行用一样的方法、一样的资源，一定得不到超额的回报。要想获取超额回报，就必须玩点同行没玩过的操作。

（3）长板破局

同一个行业，不同公司的优势一定不一样。不要羡慕别人的长板，要善于运用自己的长板去破局，扬长避短。

组合思维:

打好盈利组合牌,
打造系统优势

经营企业，最重要的是什么？你可能会说，是现金流、人才或者商业模式。然而这些都只是表象，真正的核心是创新。因为只有创新，才能赚到远超同行的钱。其实创新这个点，大家都知道，也都想创新，可就是不知道该如何创新。

这一讲我们就来聊聊组合思维。下面总结了三种常用且有效的创新方法，分别是错位创新、减法创新和加法创新，帮大家重启公司的创新基因，实现业绩倍增、利润暴涨。

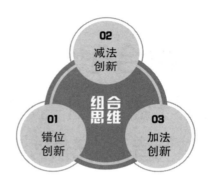

一、错位创新

错位创新是错开市场上竞争对手的市场定位，寻找被对手忽视或遗漏的空白领域，开发创新产品，从而占领市场。比如字节跳动，就是利用错位创新的方法异军突起的。

创办今日头条那年，张一鸣只有29岁。虽然年轻，但是他已经是一名有着七年创业经验的创业"老兵"。他先后参与创建了酷讯、九九房等多家互联网公司，有着非常丰富的创业经验。

在今日头条之前，国内很多互联网公司都是模仿国外互联网企业的成熟模式。例如，微博模仿Twitter（推特），百度模仿Google（谷歌），QQ模仿ICQ（一种即时通信软件），美团模仿Groupon（高朋）……而张一鸣决定做一点更酷的事情，他想走一条别人没走过的路。张一鸣想得很明白：自己要做一个靠算法驱动的信息分发平台，实现"信息找人"，而不是"人找信息"。"信息找人"的想法很具有创新性，但一开始今日头条在个性化推荐方面的技术并没有那么强。张一鸣想实现个性化推荐，但自己又不会，怎么办呢？学呗！于是，他从网上找书、找资料，自己摸索着写出了今日头条的第一版推荐引擎。这是今日头条发展史上最重要的决定之一，因为这个动作让今日头条实现了真正的颠覆性创新。

2016年，字节跳动的张楠发现一个有意思的现象：今日头条的用户花在视频上的时间超过了花在图文上的时间。有些用户登录今日头条以后，甚至都不看图文，直接去点击视频，视频的播放量是图文的二三十倍。张一鸣很快意识到，短视频不仅是一个飞速增长的内容品类，更是未来的趋势。"如果我不做短视频，我将退出历史舞台。"张一鸣曾经这样说。

说做就做，张一鸣再一次展现了他的创新能力，迅速推出了三款视频App，分别是西瓜视频、抖音和火山小视频。三款产品上线后的前九个月，数据都非常糟糕，但张一鸣再次相信了自己的判断。随后，他把今日头条一半以上的资源都投入了视频领域。再后来的故事，我们都知道了：抖音最终冲杀而出，成为国民级应用程序。

走老路到不了新地方。新王想打败老王，走和老王一样的路，是永远打不过的。必须另辟蹊径，在新战场上用新手段，从而逆袭成王。

严格意义上来讲，这个世界不存在完全的创新。乔布斯发布第一代苹果的时候，大家说乔布斯是创新之神，颠覆了一个行业。乔布斯在发布会上却是这样介绍苹果的：苹果不是一个新产品，它只是电话、MP3 和个人电脑的组合。由此可见，创新等于旧要素的新组合。比如你写一篇文章，应该是一次完全的创新。但仔细推敲，里面用的每一个词、每一个字，其实原来就有，你只不过是重新组合了而已。这也是为什么讲创新，我却用"组合思维"这个名字，因为创新的核心就是旧要素的新组合。

二、 减法创新

谈到创新，大家本能地会想，要么另辟蹊径，要么拼命地做加法，做一堆复杂的东西。其实，最省事的创新手段反倒是做减法。

提到出差住快捷酒店，你会想到哪些酒店？我相信，汉庭一定会排在前面。为什么会想到汉庭？多半是因为它那句简单却响亮的口号——"爱干净，住汉庭"。

时间回到 2015 年，那个时候国内快捷酒店品牌遍地开花，价格相近，服务和酒店配置也没有太大的区别，同质化十分严重。如果继续同质化下去，不用说，接下来就该打价格战了。可一旦打起价格战，还有利润可赚吗？要知道，汉庭当时已经有 2000 多家店，很难大转型。那么，如何破局呢？汉庭做了一次大范围的消费者调研活动，组织了至少 6 场消费者座谈会，为的就是找到客户住酒店最关心的痛点。结果，反馈较多的是马桶盖是否干净、毛巾是否消毒、杯子是否定时清洗之类的问题。

可以看出，经常出差住酒店的人最在意的是环境要干净，他们甚至愿意为此付出更多的钱。既然干净是消费者最在意的，与其在其他非重点上浪费精力，不如集中火力，一点击穿，彻底占领客户对干净的认知高地。

于是，汉庭提出了"爱干净，住汉庭"的口号，并且把它作为公司战略去执行。外部的所有宣传都会突出汉庭的口号——"爱干净，住汉庭"，比如全国汉庭的门头都统一加上了宣传口号。同时，汉庭对保洁岗位进行了全新的升级，然后重新优化业务流程。例如，床单经过特殊工艺洗涤，高温熨烫；水杯用专门消毒设备；马桶清洁更是做到了极致，每次清洁完，都细致检查内壁缝隙，保证死角无残留。即使我们自己在家里做卫生，也不一定能做到这么认真。当然，这背后还有一系列的管理升级和薪酬绩效调整，这里就不展开讲了。靠着"干净"战略，汉庭成功地抢占了用户心智。

做生意很多时候少就是多，少的目的是能在一个点上击穿消费者的阈值，形成强势品牌效应。

三、加法创新

你可能会说，前面说过要聚焦做减法，这样才能击穿消费者的阈值，怎么现在又说做加法也能创新呢？是的，做加法也能创新，核心是做加法要加到客户的心坎上。

抖音有个卖豪车的"大 V"叫老纪，十几个人的公司，一年的销售额超过 20 亿元。老纪卖豪车，却不囤车，有客户买车时，他再根据客户的需求去车商那里进货。

那么问题来了，既然他没有车，客户为什么不直接从车商那里买，非得让他从中间赚差价？而且老纪的很多客户还是老客户转介绍的。核心秘诀只有一条，服务做得好。

老纪的服务不仅全面，还能服务到客户的心坎上。除了正常的服务，老纪还会有针对性地给客户送很多礼物，如吊坠、户外装备、真皮拖鞋、雨伞、日本进口纸巾、瑞士进口高端玻璃瓶矿泉水、鞋拔子等，这里面每一样东西都是用心琢磨过的。拿拖鞋和鞋拔子来说。很多人不理解，人家买车为什么要送鞋拔子？你可以想一想，买豪车的都是什么人？他们中做生意的比较多，因商务需要，必须穿皮鞋。上了自家豪车，把硬皮鞋换成舒服的拖鞋躺一会儿，是不是很舒服？下车时，在车上弯腰穿鞋不方便。这时候，鞋拔子就很有用了。而且，如果客户的朋友看到了，肯定会好奇，就会问车上为什么会有鞋拔子？客户随口提一下，就等于给老纪打了一次广告。

这些只是标配服务，还有更极致的。有位中年大叔，经朋友介绍在老纪那里买了一辆迈巴赫。老纪得知大叔的人生几起几落，这次东山再起，也是非常不容易，因此特意在交车的时候，在播放器里下载了刘欢的《从头再来》。结果，交车一个小时后，大叔的妻子打来电话说："他刚才开车时，听到刘欢的《从头再来》，不知不觉泪流满面。现在停下车平复了心情，特意让我给你打电话，说声感谢，你太用心了。"最好的服务是创造感动，感动来自对客户的用心，琢磨客户内心微妙的感知点。下载一首歌，不费多少事儿，也不需要花钱。但这一首歌，比送贵重的东西更能打动这位客户。

还有一次，老纪的一位客户买车作为生日礼物送给女朋友。于是老纪特意把整辆车包装成了一个礼盒，并布置了鲜花、气球，再加上灯光、音乐烘托气氛，给了这个客户超预期的交付体验。

做加法创新时，如果每一点都能加在客户的心坎上，那么，客户不给你转介绍、不复购都会不好意思。所以，如果觉得生意不好做，就问问自己，真的用心做加法了吗？

大圣点拨

创新是每家公司都必须面对的问题，也是赚大钱必备的技能，下面介绍了三种常用且有效的方法。

（1）错位创新

重新拆解行业的供、需、连三端，找到跟竞争对手的差异点，另辟蹊径，最终实现弯道超车。

（2）减法创新

砍掉客户关注但不重要的点，集中火力，在客户最关心的点上占领认知高地，一点击穿。

（3）加法创新

加法创新加的是对客户心理的拿捏，通过超预期交付创造感动，形成独特的竞争壁垒。另外，加法创新也不一定要多花钱，关键是得加在客户的心坎上。很多时候，不花钱办的事，比花钱更能打动人，关键是用心。

迭代思维：

盈利是一个
不断优化的过程

"没有永远的企业，只有时代的企业。"这句话的意思是，企业若跟不上时代的变化，就一定会被淘汰。这一讲我们来聊一聊迭代思维。不管有多少种盈利方法，到最后，这些方法和思维都要快速迭代，以跟上时代的变化。怎么迭代呢？我把一个企业所能迭代的方向，归纳成了三类，分别是升级老业务、发展新业务、迭代第二曲线。

一、升级老业务

说微信是中国互联网史上最伟大的产品之一，相信没有人会反对。这款国民应用程序现在已经成了大家日常生活中不可或缺的一部分。不仅是因为它的用户量庞大，更重要的是因为它功能齐全，交友、娱乐、学习、理财，只有你想不到，没有微信满足不了的。

可又有多少人知道，微信走到今天，其实已经历了几百次迭代，仅大型版本迭代就有6次。微信1.0时，功能非常简单，只是熟人之间免费发文本信息和图片的工具。但那时使用微信的人并不多。一是QQ可以用，二是短信虽然收费但用习惯了。为了破局，微信进行了第二次迭代。微信2.0增加了语音功能和查找附近陌生人的功能，很多人就是从这时候开始频繁使用微信的。虽然装机量开始剧增，但还没有实现商业化。为了完善商业生态，微信3.0着手连接"金主"B端客户，上线了服务号、公众号，以及"扫一扫"功能。为了进一步增强社交属性，微信4.0上线了朋友圈功能，并陆续将朋友圈的评论、点赞、回复功能更新完成。到这一步，微信作为一个社交软件，其基础功能才算完全搭建好。

微信 5.0 又增加了微信支付以及抢红包功能。有了微信支付的加持，微信的移动商业帝国才基本搭建完成。到微信 6.0，又增加了小程序、视频号、直播功能。至此，微信成了一个巨大的"移动经济体"。

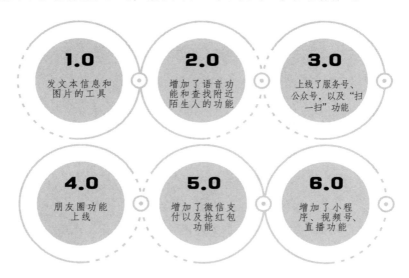

从微信升级的过程，我们能感受到三个很清晰的迭代思路。

第一，对于公司初代产品，不要在意完整度，单点破局是关键。毕竟团队和产品刚起步，很多事情还需要磨合。在磨合的过程中，首先必须保证产品存活下来。

第二，产品刚研发出来时都不成熟，没有不需要迭代的产品。如果产品或业务长期不迭代，那将是一件很危险的事。要么严重拉胯，要么病入膏肓。

第三，迭代的速度必须快。如果不是推出了"摇一摇"功能，微信可能早就被其他对手超越了。所以，前期迭代的速度必须快，快过同行，快过客户的反痘，同时给市场和客户超预期的交付感。

二、 发展新业务

微信是幸运的，刚好赶上了中国移动互联网高速发展的黄金期，一路高歌猛进，长成了现在的"巨无霸"。但大多数情况下，老业务会遇到很明显的瓶颈期。这个时候，死守已经不现实了，必须发展新业务。

家里有孩子的人都很熟悉晨光文具。晨光文具靠卖笔起家，但因目前的出生率下降、无纸化办公等因素，用笔的客户越来越少。为了解决客户减少的问题，晨光文具想出了两个对策：稳定老业务基本盘和进军 To B 市场。

01 稳定老业务基本盘

对公司来说，稳定的现金流大于一切，新业务一定会遇到各种问题，甚至短时间内无法盈利。所以，老业务必须具备持续"输血"的能力。不然，一边转型，一边断档，公司立马就会陷入危局。

面对老业务，晨光文具的策略是打造高效紧密的销售体系，把卖笔这种没有技术含量的事情做到极致。晨光文具开始大力发展连锁店，在全国 1600 多个城市，开了近 8.5 万家店，比蜜雪冰城、华莱士、中石化加油站加起来还要多。更厉害的是，晨光文具除了终端门店，还发展了 10 万家校园周边店。如此庞大的终端销售网络，居然只需要对接 36 个一级经销商，由经销商负责各自的销售网络。而管理整个销售网络的团队只有50人左右。

02 进军 To B 市场

有了足够的弹药补给，晨光文具开始进军 To B 市场，推出了办公集中采购电商平台——晨光科力普。为了快速铺开市场，晨光文具先后收购了亚洲排名第一的办公用品直销商爱速客乐在上海的分部，以及欧迪中国的直销业务。2015年，国家出台了《中华人民共和国政府采购法实施条例》，要求通过引入市场竞争和电子化操作，实现采购过程的阳光透明。晨光文具借着这个机会，加码政府、国营、事业单位的采购业务，政府采购成为晨光文具办公集采最大的一个板块。就这样，晨光文具同时抓住了 B 端市场和大型企事业单位。到了2016年，To B 业务全面爆发，营收超过了学生文具，成了晨光文具后续业绩增长和股价持续上涨的主要动力。

马云讲过，公司改革最好是晴天修屋顶。等下雨了，一会儿大风，一会儿大雨，能保住房子不塌已经不错了，哪有精力想发展的事。而晴天修屋顶，一是必须稳住老业务，不能因为分心做新业务，而忽视老业务；二是一旦意识到老业务会遇到增长瓶颈，只要时机适合，越早发展新业务越好。试想一下，如果晨光文具在2016年以后才推出 To B 业务，还会有今天的成绩吗？

三、迭代第二曲线

晨光文具是幸运的，不但发展了老业务，新业务也只不过是把老业务的产品换了个销售渠道而已。但很多行业的变革可是翻天覆地的，如手机行业。

OPPO的前身是步步高。在传统媒体时代，步步高拿下央视"标王"，曾经风靡全国。段永平隐退后，步步高一分为三，OPPO开始主做MP3。等到苹果的iPod一问世，OPPO意识到必须转型升级了。这个时候摆在OPPO面前有三条路：一是生产液晶电视，借助DVD的经验，当时的OPPO已经投入研究液晶电视两年了；二是生产智能手机，2007年苹果第一代产品发布时，同行都意识到智能手机将是新的风口；三是生产功能机。如果是你，你会选哪条路？大多数人会选第一条或第二条。但OPPO选择了第三条，即生产功能机。这就是迭代思维最有意思的地方，迭代不一定选择看起来最好的方向，而是选择当下的最优解。

什么是OPPO的最优解？要想搞清楚这个问题，先得介绍一下OPPO当时所在的市场环境。2007年，国内手机行业主要有诺基亚、魅族、三星、HTC这些功能机品牌，渠道主要是大型电子市场和部分街边店。那时手机的普及率没有现在这么高，很多农村地区的人要么用最原始的诺基亚手机，要么用移动、联通、电信充话费送的手机。

OPPO生产功能机有两大优势。第一，因为销售MP3，OPPO有大量的下沉市场渠道，并且对下沉市场消费者的心理把握得极为精准；第二，OPPO在产品工艺和成本之间也能做到最优。所以，OPPO最终决定主打功能机，而且是精品功能机，给下沉市场的原始功能机客户来一次升级。

OPPO 靠着比诺基亚还高的工艺要求，推出了 OPPO 时尚音乐手机，立马就火了。这是不是有点像现在的比亚迪和特斯拉的竞争？虽然特斯拉更先进，但比亚迪更懂消费者，能做出更省油、更好用的车。

"杀"入手机赛道，抢占了一部分客户后，OPPO 开始做智能手机，但方向和苹果截然相反。苹果主打科技感、智能；OPPO 凸出时尚感，在音乐、拍照和充电方面下重注。这些卖点，对标的人群还是下沉市场客户。与此同时，OPPO 持续深耕下沉渠道。那时，不管去中国多么偏远的乡镇，几乎都能看到 OPPO 的门店。靠着这一招，不管是后起之秀的小米、华为，还是老巨头苹果，谁也奈何不了 OPPO。

总结起来，迭代第二曲线的核心有三点。

第一，选对赛道很重要。如果 OPPO 当初选择液晶电视，那么大概率现在已经泯然众人了。

第二，追求最优解，而不是最好的方案，发挥长板先占领一部分市场很重要。

第三，在细分领域持续深耕，形成自身独有的护城河。

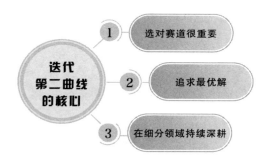

大圣点拨

迭代不是愿不愿意做的事情，而是必须做的事情。因为市场时刻在变，你若不变就会被淘汰。如何迭代呢？根据公司发展阶段的不同，有三个迭代方向。

（1）升级老业务

像微信一样，先从最简单的功能入手，根据不同阶段的需求，快速迭代出新的功能，最终长成参天大树。

（2）发展新业务

发展新业务的核心是先稳住老业务，让老业务有稳定的现金流，然后只要条件合适，越早开发新业务越好。

（3）迭代第二曲线

很多老板会把公司业务和公司混为一谈，认为业务没了，公司也就没了。但当公司的第一曲线业务走到尽头时，壮士断腕是必须的。而发展第二曲线的核心是选对赛道，追求最优解，并且能在一个细分领域持续深耕。

后记

　　这是我写的第一本书，算是圆了我一个梦：我想给中国的中小企业经营者写一封信。在服务企业的这几年里，我接触了形形色色的经营者，他们经营企业大多数很成功，有远超常人的财富和社会地位。

　　但是深入接触后，我发现他们对企业盈利这件事的认知还不够系统。很多人只是抓住了一两次风口，然后借助这一两次风口积累的资金，继续创业。运气好的赚了钱，运气差的可能就会"翻车"。而能持续盈利的创业者，他们身上有个共性，那就是对赚钱这件事有着极为清晰的认知和方法论。

　　起初我认为，每个人的经历和业务不一样，方法论会有一定的差别。可随着服务客户的数量越来越多，服务越来越深入，我逐渐拨开迷雾，窥探到了他们创业成功背后的共性，就是您看到的这本《盈利思维：人人都能看懂的商业认知21讲》。

　　在写本书后记的时候，我自己的公司也正处在创业最紧张的阶段。每每遇到挫折，指导我寻找正确道路的，就是《盈利思维：人人都能看懂的商业认知21讲》这本书。对我来说，这本书不仅讲了一套赚钱的方法论，而且总结了我的创业心得和实操经验。当然，人力有穷尽，个人有偏颇。如果本书内容跟您的认知有冲突的地方，请多谅解，也欢迎批评指正。

最后，感谢我的团队，感谢无偿提供素材的经营者朋友们，感谢出版社的工作人员，感谢你们对我的创作提供的支持。